투암기

투암기

김학찬 유고 산문집

교유서가

차례

1부
의연해야지.
하지만 울고 있었다.

1. 탄생 · 009
2. 납득 · 012
3. 복용 · 018
4. 발견 · 022
5. 생로병사의 비밀 · 026
6. 책 · 030
7. 부작용 · 038
8. 광고 · 044
9. 노벨상 · 048
10. 외래 · 052
11. 기념 · 057
12. 업무 · 059
13. 오해 · 064
14. 걷기 · 068
15. 생일 · 072
16. 여행 · 076
17. 독서 · 079
18. 새 옷 · 083
19. CT와 MRI · 087
20. 결과 · 093
21. 무지 · 097
22. 표명 · 102
23. 수다 · 106
24. 아침 · 111
25. 금주 · 115
26. 화장실 · 119
27. 독서 · 123
28. 중간고사 · 129

29. 손톱 · 133

30. 운전 · 138

31. 샤워 · 145

32. 통증 · 150

33. 빨래 · 156

34. 일기 · 160

35. 여행 · 164

36. 무제 · 170

37. 의식 · 172

38. 영화 · 175

39. 작업 · 180

40. 문득 · 183

41. 요리 · 189

42. 오타 · 195

43. 1일 · 197

44. 2일 · 201

45. 문학사 · 208

46. 산 · 213

47. 연락 · 220

48. 추위 · 223

49. 체중 · 227

50. 꿈 · 231

51. 검사 · 237

52. 야구 · 240

53. 추위 · 244

54. 검진 · 247

2부___
**작가로 태어나지는
않았으나─소설가가
되었으니─조금 더,
글을 쓰다 떠나겠다**

의연해야지 하지만 울고 있었다
최수경(김학찬 작가 아내, 국어 교사) · 269

안녕, 우리의 풀빵아!
이은선(소설가) · 297

1부

의연해야지.
하지만
울고 있었다.

1. **탄생**

"시험 대상자…… 이걸 먹으면…… 렉자나맨이 될 수 있나요?"

"렉자나가 아니라 렉라자라네."

"글자가 비슷하게 생겨서요. 약간의 난독증도 있고. 박사님, 오늘부터 저는 렉라자맨이 되는 건가요?"

"박사는 너잖아."

"박사긴 하지만 학위가 문학이라서 무슨 맨 같은 건 못 만들어요."

"그나저나 렉라자맨이 되면 어디에 가입해야 하지? 슈퍼히어로들도 단체가 있잖아? 노조는 없을까?"

"마블은 지는 해고 DC는 다시 살아날 기미가 없는데, 이 기회에 한국형 히어로를 만드는 건 어떨까? 렉라자도 유한양행에서 개발했잖아."

"이제 해가 진다거나 살아날 수 없다거나 이런 말은 금지해야겠어. 종결, 마지막, 끝, 죽는다 이런 단어도 전부."

"그러면 쓸 수 있는 단어가 없을 것 같은데. 결국 모든 말은 끝을 겨냥하고 있으니까. 탄생, 생일조차도 끝이 있어야 성립되잖아. 죽음이 없다면 탄생이 무슨 의미가 있고 생일을 굳이 왜 축하하겠어?"

"특수 능력은 뭘까? 세계의 모든 암 정복? 모든 아픈 사람을 치유해주는 렉라자맨?"

"우선 자신의 몸부터 잘 챙겨봐. 수신제가修身齊家를 실천할 기회야."

세상에는 두 종류의 인간이 있다. 슈퍼히어로가 될 수 있는 약물의 기회를 받은 인간과, 아닌 인간. 무릇 영웅의 필수 조건은 고난과 고민인 법이니 가능하면 슈퍼히어로 따위는 되지 않는 게 좋겠지만 나는 오늘부터 렉자나, 아니 렉라자를 먹게 된다.

병원에서는 친절하게 임상 실험에 대해 들려줬다. 표적치료제 개발 이전, 폐암 생존 중간값은 1~5개월이었다. 질병의 원인이 되는 유전자의 활성을 억제하는 표적치료제가 폐암 분야에서도 개발된 후, 생존 기간은 비약적으로 늘어나고 있다. 특히 3세대 표적치료제인 레이저티닙(렉라자)의 경우 항암제를 투여한 후 암이 더이상 진행되지 않고 생존하는 기간, 무진행생존PFS이 16.2개월에 달한다.

그러니까 렉라자맨이 되면 16.2개월을 살 수 있다. 그것도 중간값에 한해서.

물론 더 살 수도 있다. 16.2개월은 중간값이니까. 그래도 대충 얼마나 더 사느냐고? 전체생존율OS은 아직 설명할 수 있을 정도의 데이터가 모이지도 않았다. 미지의 영역이다.

역시 슈퍼히어로 따위는 안 되는 것이 제일 행복한 법이다.

2. 납득

 한 학기가 끝나면 학점이 부여된다. 학점이 부여되기 일주일 전, "성적 문의&정정 기간"이 있다. 제도의 취지는 잘못 입력된 성적을 수정하는 데 있다. 정말 성적을 묻는다는 건 아무래도 이상하다. 성적에 대한 결과가 학점인데, 그걸 다시 묻는다는 건 동어반복이니까. 학업에 대한 피드백도 명분에 불과하다. 피드백은 학기 도중 미리 요청할 수도 있고, 또는 학점과 무관하게 이루어질 수도 있다. 따라서 입력 오류를 제외한 "성적 문의&정정 기간"의 본질은 언제나 같다. 나는 이 학점에 납득할 수 없는데, 좀 올려주실 수 없을까요?

 부정 청탁을 방지하는 김영란법 이후 학생들의 요청은 외피를 갈아입었다. 차라리 툭 터놓고 장학금 때문에, 학사경고를 면하기 위해서, 부모님한테 쫓겨나기 때문에 D라도 읍소

하던 옛날이 낫다. 시험 점수는 왜 18점이죠(틀렸으니까), 출석 과제 시험 다 했는데 왜 A가 아니죠(과제와 시험 점수가 나쁘니까), 부족한 점을 알고 싶습니다(그러게, 너와 나의 부족함은 어디 있을까, 확실한 건 인간은 완벽할 수는 없어)…… 결론은 언제나 같다. 나는 이 학점에 납득할 수 없는데, 좀 올려주실 수 없을까요?

아예 성적 문의 메일의 내용을 조합해서 만들어주는 웹사이트까지 있다. 출석, 과제, 시험, 건강, 요청 내용 등 필요한 옵션을 선택하면 자동으로 편지가 완성되는 것이다. 어쩐지 학생들의 편지가 다 비슷하더라니.

진심으로 부족한 점을 알고 싶을 확률…… 딱 한 번, 절대평가 과목에서 88퍼센트의 수강생에게 A+를 부여한 적이 있다. 전공수업인데 수강생이 너무 많아 출석조차 부르기 힘들었으며(하지만 출석을 부르지 않으면 반드시 강의평가에 불만이 나온다), 개별 피드백을 해주기도 어려웠다. 가르친 내용도 많았고, 과제도 있었고, 시험도 어려웠기 때문에 어쩐지 미안해서 A+를 뿌렸다.

사실 개강 첫날 학점을 뿌릴 마음을 먹었다. 학생들에게 말한 적은 없지만.

교과목명이 해괴했으니까. "문학이론교육론"이라니.

모든 것을 포괄하는 이름은, 결국 아무것도 말하지 않는 것과 다름없다. 문학작품을 그저 감상만 하면 모를까, 강의에서 다룬다면 문학이론이 아닌 게 없다. 기실 감상만 하더라도 모든 문학작품 읽기에 이론이 개입되지 않는 일은 없다. 어떠한 문학의 관습, 문학 갈래의 특징을 알기 때문에 작품을 "읽어낼 수" 있는 것이다. 어떤 방식으로든지 간에.

거기에 교육론까지 더해야 하니까, 문학이론도 모르는데 무슨 교육론을 수립할 것인가…… 사범대학의 목적을 기계적으로 반영한 교과목명으로, 교강사든 수강생이든 좋아하기 어려운 과목이었다. 그래서 문학이론교육론은 몇 년에 한 번 개설되었다가, 다시 3, 4년씩 폐강되었다. 가르칠 사람도 없고, 배우는 입장에서도 힘들고, 전공 필수과목도 아니고. 그런데 개설되고 보니 수강생이 60명이었다. 출석을 부르다보면 숨이 찼다. 그때 눈치챘어야 했는데. 60명이라서 숨이 찬 게 아니었던 모양인데.

30점짜리 중간고사의 평균은 14점이었다. 그럼에도 불구하고 88퍼센트, A+를 받은 48명의 학생 중 자신이 왜 A+냐고 묻는 학생은 단 한 명도 없었다. 선생님, 대체 제가 왜 A+인가요, 피드백을 요청하거나 성적 오류를 의심해야 할 것 같은데. 이 녀석들이 졸업해서 강단에 서다니……

또다른 대학에서는 몇 차례에 걸쳐 자신이 왜 B+냐고 묻는 학생이 있었다. 미안하지만 자네는 꼴찌야…… 세부 성적표를 보렴…… 끝끝내 학생은 자신이 B+인 것을 이해하지 못했다. 처음 연락은 열심히 했다는 말이었고 마지막 연락은 "절대평가라면서요?"였다. 아니, 절대평가가 A+를 준다는 뜻은 아니야…… 제 친구들은 A+인데 왜 저는 B+인가요? 친구 성적과 자네 성적이 어떻게 같겠어…… 열심히 했다고 해서 A+를 받는 건 아니야. 더 열심히 하는 학생들이 있으니까. 절대평가라고 해서 다 A+를 줄 수는 없지. 채점은 공정해야 하니까. 미리 예고한 기준을 따르는 것이 공정이지…… 피드백이라니, 자네 작품에 대한 설명을 구십 분에 걸쳐서 했잖아…… 학기초에도 양해를 구했지…… 최선을 다해서 합평하겠지만 그래도 성적이 만족스럽지 않다면 그건 어쩔 수 없는 영역이라고…… 최소한 20년 가까이 문학을 사랑했고, 문학을 공부해서 박사학위가 있고, 10년 정도 강의를 했고, 소설책도 네 권 이상 낸 사람의 안목을 한 번만 믿어달라고…… 그래도 불신이 있거나 학점이 불안하면 다른 과목을 들어보라고…… 도저히 납득할 수 없을 것 같으면 다른 과목 수강을 권한다고도 했고…… 반드시 들어야만 졸업할 수 있는 과목도 아니고…… 어떻게 했으면 그 학생을 설득할 수 있었으려나.

아, 강사 생활 10년 동안 딱 한 번, A+를 받고도 자신이 왜 A+냐고 묻는 학생이 있긴 했다. 그 학생 이름은 기억하지 못한다. 초보 강사라서 성적 문의에 예민해진 상태라 혹시 무슨 문제라도 있냐고 답장했다. 수강생 중 2등이었는데, 왜 자신이 A+냐고 묻는 게 그때는 이해되지 않았다.

  사실, 이 수업이 내가 할 수 있는 마지막 성적 처리였을지도 모른다. 성적 입력을 마치고 일주일 뒤 나는 입원했고 보름 뒤 렉라자맨이 되었다. 알 수 없는 누군가에게 정정 요청 메일을 보내고 싶었다. 술은 마셨지만 담배는 거의 피우지 않았습니다. 한창 글을 쓸 때도 한 달에 한 갑 정도 피웠고 평소에는 무연無煙 상태입니다. 1년에 두 갑이면 충분한걸요. 맵거나 짠 음식을 먹지 않고 균형 잡힌 식사를 합니다. 몸에 무리가 되는 일은 하지 않으며 잠을 줄이지도 않습니다. 이때까지 수술이나 깁스를 한 적도 없습니다. 그런데 왜 제가 폐암인가요. 그것도 왜 원인도 알 수 없는 돌연변이성 폐암인가요.
  서른아홉 살인데.
  오류가 있습니다. 살펴봐주십시오.
  누군가가 답을 할 리는 없다. 나는 수업 절반을 빠지고도 성적에 이의를 제기한 학생에게도 상세한 답을 줬는데…… 그럼 지금부터라도 억울해야 할까. 마음껏 억울하고 싶은데, 이상하게 억울하지는 않다. 질병이 상대평가도 아닐 테니까. 열심히 살아서 렉라자맨이 된 것도 아니고 열심히 살지 않아서 렉라자맨이 된 것도 아니니까. 무엇보다 지금은 렉라자맨이 된 게 실감이 나지 않는다. 아마도 앞으로는, 실감과 싸워가야 할 것이다. 실감이 가장 큰 숙제일 것이다.

하지만 눈물은 난다.

기침과 열도 난다.

3. 복용

　렉라자정 한 알은 80밀리그램이다. 한 알의 가격은 6만 8,964원, 하루 한 번 정해진 시간에 세 알을 복용한다. 하루 약값은 20만 6,892원이며 연간 약값은 대략 7,550만 원이다. 숨만 쉬는데 7,000만 원이 필요하다. 몸값으로 따지면 누구보다 비싸다.
　다행히 임상 실험 대상자가 되었다. "뇌전이가 있는, 치료받지 않은 EGFR 돌연변이 양성 비소세포폐암 환자"라는 조건이 붙은 임상 실험이다. 부디 이 글을 읽는 사람은 EGFR이 무슨 뜻인지 평생 모르기를 바란다. 알아서 좋을 게 없는 것들이 있으니까.
　내 머릿속에도 작은 암세포가 있다. 전이轉移다. 병원에서는 다행히 아주 작으니 렉라자를 먹으면서 경과를 보자고 했다.

여차하면 나중에 감마나이프로 처리할 수도 있다며. "여차하면"이라는 말이 찜찜해서 찾아보니 머리의 암세포가 커지기도 전에 폐암으로 사망할 확률이 높아 보였다. 그럼에도 불구하고 머리 덕분에 렉라자맨이 되었다. 1, 2세대 표적치료제는 뇌혈관장벽을 넘지 못한다. 머리에 자리잡은 종양에는 힘을 쓸 수 없다. 3세대 치료제 렉라자는 기존 표적치료제에 비해 통과할 가능성이 있고, 따라서 임상 연구 대상 선정의 조건은 "뇌전이가 있을 것"이다. 행운보다는 불행이 더 빠른데, 불행 없이 행운은 또 알기 어려운 모양이다.

물론 1, 2세대 치료제에 비해 3세대 치료제가 드라마틱한 차이가 있는지는 모르겠다. 무진행 생존기간이 0.2개월 더 길긴 하다. 주어진 문서로는 파악하기 어렵다. 굳이 찾자면 알아보지 못할 건 없지만 그럴 필요를 느끼지 못한다. 정확하게 알고 싶지 않다. 정확하게 알면 알수록 희망을 갖기 어렵다.

렉라자는 일정 시간만 지키면 된다. 깜빡 시간을 놓치거나 토할 경우에 대한 조항들이 있을 뿐이다. 경건한 마음으로 새벽에 복용하는 사람도 있고, 간단하게 아침에 먹는 사람도 있다. 보통 자기 전에 먹는 건 피하는 모양이다. 혹시라도 어떤 문제가 발생할지 알 수 없으니까.

오후 일곱시로 정했다. 약을 먹기 위해 아침 일찍 일어나는 것은 괴로운 일이다. 고열과 심란함 때문에 지난 일주일 동안 아침에 일어나는 시간이 들쑥날쑥했다. 수면제를 먹고도 몇 시간 동안 잠을 이루지 못했다. 게다가 일어나는 게 규칙적이지 않고, 무엇보다 규칙적으로 일어나야 한다는 데 스트레스를 받을 게 뻔했다. 주말까지도 규칙적으로 일어나야 하니까. 따라서 오전은 자연스럽게 제외했다.

대낮에 먹는 건, 왠지 내키지 않았다. 어쩐지 환할 때 약을 먹는 건 아이러니 같았다. 잠깐 점심 약속이라도 있다면 마주한 사람에게도 미안한 일이다. 대화 도중에 약을 털어넣는 것은, 상대방에게 무슨 약이냐고 질문해야 하는 의무를 지우는 일이다. 혼자만 오래 살려고 시간 맞춰 비타민이라도 먹냐고 물었는데 내가 아니, 사실 항암제야 하면 어쩌려고⋯⋯ 알약 세 개를 합쳐도 타이레놀 절반에도 미치지 못하는 작은 알약이지만.

여섯시는 조금 이르고, 저녁을 먹고, 제일 어정쩡한 시간이 일곱시니까, 일곱시면 덜 헷갈리겠지. 어쩐지 소화가 조금 진행된 상태에서 먹어야 좋을 것 같았다. 식사와 약이 뒤섞이는 것보다는 낫지 않을까. 근거는 전혀 없다. 식사와도 무관하게 복용할 수 있는 약이다. 일곱시라는 말을 듣고 누나는 럭키 세븐이냐고 물었다.

깨끗하게 손을 씻었다.
기도를 했다. 종교를 떠난 지는 오래되었다. 가끔 신을 생각하거나 기도를 할 때는 있으나 사후 세계를 고민하지는 않는다. 신도 좋고, 유한양행도 좋고, 렉라자도 좋고, 누구라도 좋다. 신을 믿지 않지만 이 순간 저절로 경건해지는 것을 막을 수도 없다. 렉라자를 손바닥 위에 올렸다.

임상 실험이기 때문에 반납할 때는 약 캡슐 껍질 하나까지 정확하게 반납해야 한다. 그래야 다음 약을 받을 수 있다. 먼저 56일치를 받았다. 렉라자는 "효과가 없을 때까지" 먹게 되어 있다. 렉라자는 반드시 내성이 오는 약이고, 내성이 오면 처방은 중단된다. 효과가 없으니까. 무탈하게 렉라자를 계속 먹을 수 있는 것도 아니다. 부작용 때문에, 혹은 다른 이유로 렉라자를 견디지 못하는 사람들도 많다. 결국 렉라자를 도저히 견딜 수 없을 때까지, 어떤 식으로든 종신계약을 할 수밖에 없다.

렉라자는 나에게 주어진 가장 으뜸패다. 가장 확률이 높은 패가 힘을 다하면 다음으로는 그보다 시시한 패를 받아야 한다. 으뜸패로도 못 이기는 게임을 쭉정이로 버티기는 쉽지 않을 것이다. 계속 렉라자맨이 될 수밖에 없다. 소중하게 약 껍질을 통에 다시 넣었다.

4. 발견

폐에는 신경이 없다. 그래서 폐암은 조기진단이 어렵다. 암 진단을 받기 일주일 전까지만 해도 프로젝트 회의에 참여했고, 이주일 전까지만 해도 성적 처리를 했고, 삼주일 전까지만 해도 수업을 했다.

"종강을 앞두고 계속 기침을 해서 미안합니다. 여러분이라도 부디 건강하세요. 그런 의미에서 기말 준비를 열심히 하기 바라며 이것으로 이번 학기 수업을 마칩니다."

"인연이 있으면 또 봅시다."

종강 인사는 길게 하지 않는다. 학생 때 종강 인사를 길게 하는 교수자를 좋아하지 않았다. 한 학기에 일고여덟 과목 정도를 듣게 되니까, 종강 소감을 듣다보면 지루해졌다. 선생님, 여기는 대종상이나 청룡영화제가 아닙니다. 무엇보다 아직까지 기말시험도 남았잖아요. 학생들에게 하고 싶은 말은 많았지만 마지막 수업은 조금 빨리 끝내는 게 미덕이므로 어쩔 수 없다. 인연이 있으면 또 볼 것이고(다음 학기 개강 수업 때 어색하게 눈인사를 할 것이고), 인연이 다했다면 보고 싶어도 어쩔 수 없을 테니까.

시간강사인 탓도 있었다. 시간강사와 대학의 관계는, 다음 학기 강의 배정이 되지 않으면 그것으로 끝이다. 한 학기 뒤를 약속할 수도 없고, 학생들과 친하게 지내는 걸 싫어하는 주임 교수들도 있었다. 강사가 "왜", 강사가 "굳이" 학생들과 이유 없이 친하게 지내냐고 했다. 친하게 지내는 데 이유가 필요한지는 모르겠지만.

다행히 이 대학 저 대학 전전해도 잘리는 일은 없었다. 강사법 덕분도 있고, 대학에서도 굳이 자를 이유가 없기도 했다. 굳이 쫓아낼 만큼 미움이나 관심을 사는 강사는 아니었다. 대신 수업은 여러 가지를 해야만 했다. 말하자면 "문학이론교육론"과 같은 것. 현대소설을 전공했으니까 현대'문학' 수업도 할 수 있고, 문학교육을 전공했으니까 사범대 과목도 맡을 수 있고, 소설가니까 창작 과목도 가르칠 수 있고, 글쓰기를 가르친 경험이 많으니까 교양수업도 맡을 수 있고…… 덕분에 다양한 대학의 여러 학생들을 가르칠 기회가 있었다. 아, 시창작 수업은 맡지 않아서 다행이다. 영상문학수업까지 맡은 적은 있지만.

종강을 앞두고 기침이 시작됐다. 열은 나지 않았다. 딱 기침만. 기침만 잦아졌으므로 수업을 전혀 할 수 없는 정도는 아니었다. 집중해서 말할 때는 신기하게 기침이 멈출 때가 많았다. 이번 학기 출강 거리는 운전으로는 한 달에 3,000킬로미터 정도였다. 문예창작교육론, 현대소설세미나, 소설창작론, 현대소설강독, 대학원 현대소설교육특강, 그리고 차마 교과목을 밝히기 어려운 교양수업 하나를 했다. 모두 18학점이었고 과목이 모두 달라서 힘든 줄로만 알았다. 학기말이 되었을 때도, 기침이 심해졌을 때도, 한 학기 고생했기 때문에 따라오는 피곤 정도로 치부했다. 프로젝트 회의 때 만난 선배들은 식민지기 폐병 앓는 소설가 같다며 놀렸다. 나는 얼굴은 잘생긴 이상이기를 바라지만 현실은 김유정이라고 투덜거렸다.

회의 일주일 뒤 선배들에게 입원을 알렸다. 죄송하다고, 남은 일을 부탁한다며 자료를 보냈다.

물론 수업을 하면서 병원도 다녔다. 이비인후과 전문의가 있는 개인 병원에서는 닷새씩 약을 처방해줬다. 다른 증상이 없기 때문에 폐렴으로 보기는 어렵다고, 자신도 모르는 사이에 독감을 앓고 기관지가 예민할 수도 있다고 했다. 그래, 독감을 앓아도 독감인 줄 모를 수 있는 바쁜 일정이기도 하니까. 젊고 건강하니까 독감도 그냥 지나갔을 수 있지. 한 번 더 갔을 때도 같은 약을 처방받았다. 다시 또 갔을 때는 항생제를 포함해서 처방받았으나 낫지 않았다.

엑스레이를 찍을 수 있는, 의사가 네다섯 명 정도 되는 병원을 찾았다. 의사는 엑스레이가 이상하기는 한데 뭔지는 자신도 모르겠다며 큰 병원에 가보라고 했다. 폐렴 하나를 진단받지 못했다는 점과 오늘 중으로 꼭 가라는 말이 마음에 걸렸다. 다음날 대학 부속병원에서 CT를 찍고 암 진단 소견을 받았다. 발견은 이렇게 간단하고 빠르다.

아침저녁으로 해열제를 하나씩 먹으면 37.0~37.4도 사이를 유지할 수 있다. 36도 대로 떨어진 것은 단 한 번이었다.

5. 생로병사의 비밀

 렉라자맨이 된 다음날 저녁, KBS 〈생로병사의 비밀〉에서 폐암, 그것도 비소세포폐암을 다루었다. 마치 "계시"처럼 느껴졌지만 쉽게 볼 수는 없었다. 예전에는 아무 느낌 없이 리모컨을 돌리다 잠깐 멈추었을 의료 방송을 보는 데도 용기가 필요했고, 렉라자맨이 되었다고 해서 없던 용기가 생기지는 않았다.
 아니, 렉라자맨은 원래 용기가 없는 슈퍼히어로일지도 모른다. 숫기도 좀 없고, 먼저 말을 걸 줄도 모르고. 다양한 슈퍼히어로가 나오는 시대인데, 용기와 무관한 경우도 하나쯤은 있어도 되지 않을까. 물론 겁쟁이 슈퍼히어로가 이미 있을 거라는 생각도 한다. 아마 수십 년 전에, 여러 종류로. 내가 잠깐 생각했던 것은 이미 200년쯤 전에 다 있다. 참신한 발상은 우연히 떠오르는 것이 아니다.

"힘들면 안 봐도 돼."

궁금하면 보고, 힘들면 언제라도 그만 본다는 각오 끝에 시작했다. 병을 다루는 방송이므로 초반부에는 힘든 장면이 나올 수밖에 없었다. 현상 제시, 원인 분석, 치료 현황 순서가 방송의 룰이니까. 고통받는 사람들, 증상들, 가족들, 통증과 악화에 대한 내용이 전반부에 배치되어 있었다. 흡연 같은 것들과 무관하게 폐암에 걸리는 환자들이 늘어났다는 것, 기존에는 4기의 경우 1년을 넘기기 힘들었다는 것, 최근 10년 사이에 새로운 치료제가 많이 개발되었다는 것, 싸워볼 수 있는 병이니까 포기하지 말라는 것 등이 자연스럽게 뒤를 이었다.

폐암의 경우 뇌전이는 위험합니다―나는 뇌전이가 있다.

뼈에 전이되면 극심한 고통을 느낍니다―나는 뼈전이도 있다. 어쩌지.

특히 뇌척수의 경우 위험한데, 3세대 표적치료제로 종양이 많이 줄었습니다―다행히 뇌척수는 아니고 3세대 표적치료제를 1차 치료에 바로 쓰고 있으니 희망을 가져볼까.

뇌의 경우 감마나이프로 국소 제거를 시도할 수 있습니다―이게 의사가 설명했던 그것이로구나.

나보다 어린 사람의 투쟁 과정도 나왔다. 그는 치료 과정을 하나씩 찍어서 유튜브에 올린다고 했다. 나보다 나이가 조금 더 많은 사람은 천변을 뛰고 있었다. 면역치료제 효과를 봤다고 했다. 면역치료제의 도움을 받고 있는 건 아니지만 나도 당장 내일부터 달리기를 시작해야만 될 것 같았다. 내 사례와 비슷하면서도 장기 생존한 사례라는 것은, 사실 장기 생존하지 않은 사람들 인터뷰는 찍을 수 없었다는 뜻이다. 당연히 잘된 것을 잘 안내하는 것이 방송의 취지고 목적이다.

어떤 의사도 섣부른 낙관은 하지 않았다. "치료할 수 있다" 대신 "할 수도 있다" "할 만한 방법들이 있다"고 했다. 뇌로 전이될 경우 2개월을 넘기기 어렵다는 사실도 처음 알았다. 왜 병원에서 담당의가 이야기를 길게 하지 않는지 알 것 같았다. 과거에 비해 치료 방법이 비약적으로 개발되긴 했지만 아직까지 낫는다고 할 수 있는 병은 아니다. 방송은 그래도 희망을 가지라고 했고, 그럼에도 불구하고 희망을 더 가져야 한다고 했다. 전달과 도닥거림 사이의 균형이 고마웠다. 좋은 방송이었다. 텔레비전 방송은 중학생 정도가 이해할 수 있게 만들어진다고 했던가. 45~50분 정도로 한 시간을 넘지 않았다는 것도 좋았다. 한 시간이 넘는 설명은 암환자나 가족들을 초조하게 만든다. 방송을 보면서도 기침을 계속했다.

방송이 끝났을 때, 막상 낙관도 생기지 않았고 화도 나지 않았다. 이상하게 암환자가 된 후로 화가 나지 않는다. 일상생활에서는 더이상 화가 생길 이유가 없기도 했다. 어떤 상황이라도 암환자가 된 것보다 화를 부를 수는 없으니까. 물론 깜빡이도 켜지 않고 갑자기 끼어드는 차는 제외하고. 소위 "칼치기"를 하는 차를 보면 순간적으로 화가 났다가, 그래 내가 먼저 갈지 네가 먼저 갈지 모르겠다며 악담을 한다.

생로병사의 비밀을 깨달았지만, 비밀과 무관하게 병사를 피할 순 없다. 병사 바로 위에 놓여서 비관에 대한 궁리를 한다. 늘 담담하게 비관적으로 살아왔다. 첫 책을 내고 난 이후에는 다음 책을 낼 수 있을까를 고민했고, 단편 하나를 발표하고 나서는 다음 소설을 쓸 수 있을까를 생각했다. 비관을 격정적으로 하지 않았기 때문에 스트레스를 받지는 않았다. 조금 더 나쁜 경우를 생각하면 더 나쁜 일이 일어나도 그럭저럭 견딜 수 있다고 믿었다. 그렇다고 서른아홉 살의 렉라자맨을 생각해본 적은 없지만. 이건 "아주 조금 더 나쁜 것" 정도가 아니니까. 사형선고는 상상의 영역 바깥에 위치해 있었으니까.

6. 책

"퇴원하면 집에 있는 책을 정확하게 절반만 버릴 거야."

병원에서 버킷리스트를 썼다. 괜히 비장해지기도 했고 시간을 보낼 방법이 없었으니까. 오후 여덟시까지 매일의 버킷리스트를 하나씩 찾았다. 첫번째 버킷리스트는, 버킷리스트를 써야겠다는 결심이 끝나기도 전에 떠올랐다.
 살아가게 된다면 읽지 않을 것이다. 죽으면 더 읽을 수 없다. 따라서 책은 버려야 한다.

보나마나 책을 버리려고 들면 마음이 약해질 테니, 무조건 하루에 열 권씩 버리기로 했다. 정해진 할당량을 반드시 채울 것. 토너먼트 같았다. 그때그때 책에 대한 기분도 달라지고, 다시 버릴까 말까 고민하는 경우도 있으니, 결국 버릴 책 한 권을 고를 때마다 그 책은 남아 있는 책 전부와 경쟁하는 셈이었다. 날이 갈수록 버릴 책을 고르는 일이 어려워졌다. 일주일이 지나자 문제가 생겼다. 하루 열 권이 아니라 무작위 열 권으로 바꿔야 했나. 아니, 매일 열 권이 아니라 그냥 눈 딱 감고 여기서 저기까지, 그냥 절반을 버려야 했을까. 역시 마음이 약해서 문제다.

처음에는 쉬웠다. 다시는 연구를 할 생각이 없으니, 제본해 뒀던 책을 먼저 버리기로 했다. 자료로 갖고 있는 책은 어디 팔 수도 없으니까. 연구자는 당장 보지 않을 자료라도, 기회가 되면 챙겨두는 버릇이 있다. 막상 제본만 하고 두 번 다시 열어보지 않더라도 우선 자료는 쌓아두고 싶어하는 것이다. 식민지기 시인들의 전집은 아깝지만 줄 사람도 없다. 날을 정해서 마음대로 책을 가져가세요! 하고 싶지만 그러기에는 집도 좁고 어쩐지 쑥스럽다. 무엇보다 아무도 안 오면 어쩌지? 막상 손님들에게 죄송하지만 이 책은 그래도 갖고 있고 싶습니다, 하면서 안절부절못할지도 모른다.

학부 때부터 가지고 있던 교재들을 버리는 것도 어렵지 않았다. 누군가로부터 배웠던 것들, 이제는 이름도 기억나지 않는, 얼굴도 흐릿한 선생님들. 어떤 미련이 남아서 대학생 때 공부했던 책들도 모조리 갖고 있는 것일까. 나는 다시 강단에 설일이 있을까. 곧 숨이 차고 목소리가 나빠질 테니까. 대화 정도는 할 수 있겠지만 아무래도 수업은 힘들려나. 마이크가 있어도 목소리에 힘이 없으면 학생들에게 지식을 전달하기 곤란하다. 기운이 없는 사람의 지식은 받아들이기 난감하다.

제본한 자료와 옛날 교재들의 공통점이 있다. 낡아서 열어보는 것만으로도 폐 건강을 떠올리게 하는 책들이라는 것. 괜히 이런 책들 때문에 폐가 나빠졌나 하는 한심한 생각이 들었다. 연구 때문에 폐를 망칠 정도로 공부를 열심히 하지는 않았으니 핑계가 분명했다. 공부를 너무 많이 해서 건강이 나빠졌다면 지금쯤 위대한 저작 정도는 남겼을지도 모르겠다.

여기까지는 순조로웠다. 역시 쉬운 것은 빠르게 지나가고 어려운 일은 하나씩 해결해야만 한다. 먼저 시집. 현대시 전공도 아니지만 시집들은 버리기 아까웠다. 식민지기 시인들, 전집까지는 과감하게 버렸는데, 아직 살아 있는 시인들의 작품은 망설여졌다. 어차피 부피도 크게 차지하지 않으니 우선 시집은 미뤄두자. 어쩐지 환자에게는 시집이 어울리는 느낌도 들었다. 시와 폐병, 나약한 시인 같은 이미지도 있지만 현실적으로 시집이 가벼우니까. 시집 두세 권을 합쳐도 가벼운 소설 한 권 정도 두께와 비슷하다. 소설책을 들 힘이 없을지도 모른다. 그때 가서 시집을 버려도 늦지 않을 것이다.

이청준 전집도 나를 유혹했다. 전집을 버리면 순식간에 스무 권 이상의 자리가 빈다. 공간 확보와 책 절반 줄이기에서 전집만큼 유혹적인 것은 없다. 이제 그만 놓아줘, 환청이 들리는 것 같았다. 하지만 아직 이청준 전집은 낡지도 않았고―새로 나온 판본을 모았으니까―한 권 한 권 사면서 읽었던 기억이 선명하게 남아 있다. 아르바이트를 마치고 힘겹게 돌아와서 억지로 이청준 소설을 읽기도 했다. 현대한국소설에서 단 한 명만을 꼽으라고 한다면, 결국 이청준이라는 자포자기도 있었다. 좋아하는 소설가는 많았고 오히려 이청준 소설은 어딘가 나와 맞지 않았지만 그럼에도 불구하고 이청준이라는 산맥은 인정할 수밖에 없었다.

이청준은 네가 인정하고 말 것이 아니라고? 맞는 말이다.

개별 단행본…… 단행본은 당연히 하나씩 샀다. 그래도 여기서는 한 권씩 덜어낼 책들이 있다. 한두 권만 갖고 있는 작가가 제일 마음 편했다. 정말 좋아하는 작가라면, 한두 권만 갖고 있을 리 없었다. 우리의 인연은 여기까지인가봅니다. 예외가 있긴 하다. 존 윌리엄스의 책은 『스토너』와 『아우구스투스』 두 권밖에 없다. 번역된 책이 두 권이 전부니까. 마지막 순간 한 권의 책을 고르라면 아무래도 『스토너』가 되겠지.

아니다. 이 질문 자체가 오류다. 마지막 순간 책은 무슨. 마지막은 평소처럼, 아무 일 없이 보내야 한다. 굳이 마지막까지 책을 생각할 필요는 없다.

좋아하다가 싫어진 작가도 있었고 기대했지만 실망한 작가도 있었다. 그러나 한국문학의 토너먼트는 치열했다. 외국문학은 쉬웠다. 하루키의 책들은 두서없이 무질서하게 갖고 있지만 좋아하는 작가니까 선뜻 덜어내기 힘들어서 포기했고, 도스토옙스키나 움베르토 에코를 다시 읽을 힘은 없을 게 분명하므로 과감하게 버릴 수 있었다. 팔에 힘이 빠지면 에코의 책은 들 수도 없다. 글자도 어쩐지 작고, 여백도 좁은 편이라 건강해야만 읽을 수 있다. 도스토옙스키와 에코 책은, 건강할 때 열심히 읽어두길 잘했다. 다시 읽지 않겠지만 루크레티우스의 『사물의 본성에 관하여』는 아버지가 돌아가셨을 때 나에게 가장 힘을 줬다. 모든 것은 물질로 이루어져 있고, 우리는 다시 그 물질로 되돌아갈 것이다. 아버지가 그랬으니 나도 그럴 것이다. 힘을 준 책은 버리기 어렵다. 루크레티우스에 대한 집착이 있으니―루 선생이 살아 있었다면 대체 무엇을 읽었느냐고 혀를 찰 것이다―『인생이 왜 짧은가』『신들의 본성에 관하여』도 선뜻 집지 못한다.

이론서나 비평집은 공부한 게 아깝고 다시 구할 수 없어서 우선 제외했다. 어차피 팔리지 않는 책이니 가격도 비싸고, 얼마 찍지 않다보니 한번 잃어버리면 다시 구하기 힘들다. 사회과학서적은 가장 마음 편하게 버릴 수 있었다.

이런, 아직까지 책에, 아니 삶에 미련이 있구나.

미련이 있어서 다행이다.

미련을 버리기 위해 알라딘 중고 사이트에 들어갔다. 평소에는 중고 서점 시스템에 부정적이다. 정확하게는 알라딘같이 새책을 팔면서 동시에 중고 서점까지 겸하는 걸 좋아하지 않는다. 작은 헌책방에서 책이 오가는 것은 반갑지만, 새책도 팔고 헌책도 파는 회사는 어쩐지 씁쓸하다. 회사는 끝없이 수익을 창출하겠지만 소규모의 독자를 가지고 있는 작가들에게는 손해일 수밖에 없다. 나같이 안 팔리는 작가는, 심지어 "매입불가"로 나오는 책들은 어쩌란 말인가. 출판사의 손해도 클 것이다. 출판사가 망하면 작가들의 출간 기회가 줄어든다. 소품종소량생산이라는 미덕조차 흐릿해진다. 소품종대량생산하는 작가나 출판사도 물론 반갑다. 소품종대량생산이 있어야 나머지 작가들 책도 내줄 여력이 생기니까.

하지만 하나씩 책을 처분할 힘도 없고, 돈도 필요하다. 이만큼 한국 출판에 돈을 써왔으면 중고 서점에서 처리해도 괜찮겠지. 버리려고 내놓은 책들을 다시 들고 들어와서 가격을 조회해봤다. 강만길 선생님, 죄송해요. 대부분 매입불가군요. 매입불가와 책의 가치나 인기는 꼭 비례하지 않으니 안심하세요. 그만큼 많은 사랑을 받으셔서 그래요. 그래도 『고쳐 쓴 한국근대사』는 900원, 『고쳐 쓴 한국현대사』는 800원이나 나온 걸요. 100원 차이의 이유는, 음, 역시 현대사는 논쟁적이다보니 부담스럽기 때문이겠지요? 『커피의 거의 모든 것』은 1,100원이 나왔다. 역시 먹는 것이 최고다. 용기를 내서 『우리말 어원 500가지』를 넣었더니 최고 9,000원이 나왔다. 의외다. 의외의 용기를 얻어 조회한 나머지 책들은 죄다 매입불가, 매입불가, 매입불가였다. 역시 첫 끗발이 개끗발인가보다.

책으로 할 수 있는 내기 하나. 방에 있는 책 한 권을 골라 높은 매입 가격이 나온 사람이 이기는 게임. 책장 두 칸에 있는 책 중 한 권씩을 골라 가격을 조회해서, 높은 숫자가 이기는 방식으로. 낮은 금액이 이겨도 괜찮겠다. 화투에서 선을 정할 때처럼, 낮에는 높은 숫자가, 밤에는 낮은 숫자가 이기는 방식으로. 한 칸에는 대략 스무 권의 책이 있었다.

1차전: 『만화의 이해』(스콧 맥클라우드) vs 『논문 잘 쓰는 법』(움베르토 에코)

후후, 『만화의 이해』는 종이 질이 상당히 좋다. 논문 잘 쓰는 법은 너무 많이 팔려서 매입불가가 뻔했다. 2,900원 대 1,300원. 감을 잡았다. 이길 수밖에 없는 게임이다.

2차전: 『조선 후기 사대부가사』(장정수) vs 『사자왕 형제의 모험』(아스트리드 린드그렌)

아무리 린드그렌이라도 동화책보다는 최근 나온 연구서가

비싸겠지.『조선 후기 사대부가사』는 1차 자료 성격이 있어서 반드시 살 사람이 있다. 하지만 결과는 3,500원과 3,600원으로 딱 100원 차이였다.『사자왕 형제의 모험』은 많이 팔렸으니까 매입불가일 줄 알았는데. 그렇다면 마지막 3차전.

3차전:『우정의 정원』(서영채) vs『루키아노스의 진실한 이야기』(루키아노스)

7,400원 대 1,800원.『우정의 정원』은 정가가 25,000원이고 새로 나온 비평집이라 꼭 이런 걸 찾는 사람들이 있다. 다수는 아니겠지만. 책을 버리는 일은 몹시 피곤했고, 꿈에서 나는 낭기열라에서 사자왕 형제를 만났다. 아, 사자왕 형제는 만나고 싶지 않았는데. 린드그렌의 동화에서 형은 열세 살 정도에, 동생은 열 살 정도에 죽는다. 두 형제는 죽은 후 낭기열라에서 멋진 모험을 하고, 이것이 이 동화의 시작이다. 멋지고 좋은 동화지만 아직까지 나는 낭기열라에 가고 싶지 않다. 일어나자마자 슬며시『사자왕 형제의 모험』을 다시 책장에 꽂았다.

7. **부작용**

발열이 잡히고 기침도 줄어들었다. 기침 때문에 연이은 대화가 힘들었던 상황에서, 가볍게 걸으면서 떠들 수 있는 몸으로 되돌아갔다. 물론 중간중간 콜록콜록 정도의 기침은 있었지만 이제 "대화"를 할 수 있다.

비가 그친 틈을 타서 저녁 산책을 나갔다. 덥고 비가 오는 여름은 산책도 틈을 잘 노려야 한다. 이제 한국에도 우기雨期가 있고 장마철은 무의미해졌으니까. 지구온난화를 얼마나 지켜볼 수 있을지 모르겠지만, 지금이라도 다 같이 온난화 해결에 협력하면 좋겠다. 기회를 엿보다보면 빗속에서도 틈은 날 수밖에 없다. 후후, 비야 네가 하루 종일 내려도 나는 그 틈을 뚫고야 말겠다!

초미세먼지 수치는 1, 미세먼지 수치는 7이었다. 조금 습한 것을 빼면 더할 나위 없이 만족스러운 여름밤이었다. 새롭게 방영될 KBS 사극에 대해 이야기했다. 왕건과 장보고였던 최수종이 이번에는 강감찬으로 나와! 최수종이 없었으면 역사는 바뀌었을 거야! 역시 최수종이야! 올리브영에서 거대한 헤어롤을 샀다. 요즘 아이들처럼 집에서 혼자 머리를 말고 있어 봐야지.

"다른 사람들은 끊임없이 떠들지 않아, 대화는 쉬었다 해도 되는 거야."

맞는 말이다. 렉라자맨이 되고 나서 가장 좋은 건 예전처럼 떠들 수 있다는 것이었다. 부라보콘 우유맛도 사서 집으로 돌아왔다. 변하지 않을 것 같던 부라보콘도 다양해졌다. 그냥 부라보콘, 체리맛 부라보콘, 심지어 빵 형태의 샌드형 부라보콘과 부라보콘 바도 있다. 아이스크림 냉장고에 가득한 부라보콘을 보고 있으면 마음이 따뜻해진다. 어렸을 때 할머니 댁에는, 슈퍼마켓 대신 "점빵"이라는 곳이 있었다. 옆집 할머니가 농사를 짓는 틈틈이 가게를 연 것인데 가정용 작은 냉장고 냉동실에 아이스크림을 넣고 팔았다. 점빵에서 제일 비싼 아이스크림이 부라보콘이었다. 엉망으로 녹았다 다시 얼어서 깔끔하게 뜯기도, 먹기도 힘들었지만 가장 부드러웠던 아이스크림.

아이스크림까지 들고 집에 들어오는 순간, 현관 등이 켜지자 무서워졌다.

「표적치료제의 이해」라는 책자가 있다. 렉라자의 알려진 부작용은 크게 발진, 손발끝 저림, 폐렴, 두통 등이다. 구내염 오심 설사 감각이상 어지러움 말초신경병증 근육통 상기도감염 식욕감소 등의 부작용을 일일이 나열하는 건 의미가 없다. 세상에 존재하는 모든 부작용을 죄다 주의하라는 것 같다.

대표적인 부작용이라는 말은, 피하기 어렵다는 말이다. 고름을 동반한 여드름성 발진, 두피의 부스럼과 가벼움증, 손발톱 주위 염증은 특히 강조되어 있다. 구내염과 설사, 폐렴도 마찬가지다. 지금까지 약간의 두통이 있기는 하지만 크게 무리가 되는 정도는 아니다. 아직까지 심각한 부작용은 느끼지 못했다. 그리고 발열과 기침은 천천히 잡혀가고 있다.

"예전처럼 돌아간다는 느낌을 받을 때, 그때 조심해야 해요. 절대 무리하면 안 됩니다."

렉라자는 무서울 정도로 좋은 약이었다. 고작 하루 세 알을 먹는 것으로 폐암 4기 환자의 몸을 "마치" 예전처럼 느끼게 만들어주니까. 거의 회복된 느낌인데? 이 정도면 당장 등산도 갈 수 있겠어. 감기를 앓아도 이것보다는 더 힘들 거야.

하지만 렉라자는 치료제가 아니다. 몇 달을 먹으면 낫는다는 설명이 없다. 효과가 없을 때까지 먹어야 한다. 암세포의 증식을 막고, 크기를 줄이고, 몸을 예전처럼 되돌려주지만 문제는 내성을 피할 수는 없다. 내성이 생기기 전까지는 충분히 희망적인 약이다. 무엇보다 환자의 일상생활을 가능하게 해준다는 점에서 존엄을 지켜준다. 죽어가는 느낌을 받지 않는다.

지금까지는.

그러나 내성을 어떻게 조절할 방법은 없다. 착하게 산다고 해서 내성이 늦게 찾아오는 것도 아니며, 식습관을 조절하는 것과 내성의 관계도 무관해 보인다. 내성은 그냥, 내성이며 이유는 없다. 암세포도 내 의지와 무관했는데 내성에 의지 따위가 먹힐 리도 없다. 내성은 반드시 찾아오고, 내성이 생기면 렉라자는 처방조차 받지 못한다. 의사는 또다른 치료법이 있으니 너무 염려하지 말라고 한다. 또다른 치료법이란 표준 항암 치료 또는 임상에 참여하는 것 정도다. 표준 항암 치료는 폐암에 크게 효과적이지 않고, 임상에 참여한다는 말은 아직까지 치료 방법이 제대로 확립되지 않았다는 뜻처럼 들린다. 설명을 하는 의사도 굳이 다음 치료 방법에 대해 안내하지 않고, 나도 더 묻지 않는다.

따라서, 렉라자맨으로 살 수 있는 기한은 아무도 모른다.

어떤 사람은 한 달 만에 내성이 생겼다고 한다. 어떻게 그렇게 빨리 내성을 확신했는지는 모르겠지만. 또다른 사람은 25개월 정도 먹었다고 한다. 평균을 확인하고 싶지만, 동시에 렉라자맨에게 보통이나 평균이라는 말은 큰 의미가 없기도 하다. 바뀌지 않는 사형선고를 받고, 구속은 되지 않은 상태에서 자유롭게 지내다가, 언제 갑자기 구속된 뒤 사형 집행을 받을지 모르기 때문이다.

이미 선고를 받았고, 잠깐의 자유가 얼마나 소중하고 가치 있는지를 머리로는 안다. 하지만 언제 기습적으로 구속당할지 모른다는 말은 남은 시간에 대해 자꾸 생각하게 만든다. 물론 이후에도 "가능성"은 있다. 유전자변이는 하나만 있는 게 아니다. 운 좋게 다른 유전자변이가 발견되어 어떤 약을 먹을 수도 있다. 렉라자맨에게는 잘 듣지 않는다고 하지만 면역치료 주사도 있긴 하다. 렉라자와 다른 치료를 병행하는 방법도 있다. 무엇이, 어떤 치료가 될지는 그때 가봐야 안다. 지금 짐작하는 것은 소용없다. 무의미를 알면서도 치료 방법을 기웃거리고 있다. 너무 적극적으로 찾아보지는 않고, 조금만 알아본다. 많이 알면 피곤해진다.

진짜 부작용이 찾아오면 이런 생각조차 사치가 될지도 모른다. 아니, 이런 생각을 떠올렸다는 것조차 기억하기 힘들지도 모른다. 효과가 너무 좋은 약이라 다시 삶을 부여잡고 싶게 된다. 렉라자는 짧은 시간이지만 예전처럼 지낼 수 있게 해준다. 그 유예는 분명 길지 않다. 오랫동안 저녁에 동네 산책을 해왔다. 산책을 하며 하루 동안 있었던 일을 이야기하고, 필사적으로 농담을 하고, 야식거리나 다음날 먹을 것을 샀다. 잠깐 비가 그쳐서 나간 줄 알았던 산책이, 사실은 너무 오랜만에 자연스럽게 이루어졌다는 것을 깜빡 잊었다. 현관 등이 잊었던 사실을 벼락처럼 일깨워주었다.

확, 현관 등에 검은 테이프를 붙여야겠다. 밝음과 어둠을, 낮과 밤을 구분하지 않도록. 건전지를 빼버리거나.

8. 광고

　본 방송보다 광고를 더 좋아했다. 15초, 30초 안에 강력하게 전달해야 하는 광고의 집약적인 성격이 좋았다. 수단과 방법을 가리지 않고—물론 심의와 규정을 준수하는 선이지만—사람들에게 상품을 사고 싶게 만들거나, 회사에 우호적으로 만들거나, 어떤 메시지를 전달한다. 잘 만든 광고는 본 방송보다 더 재미있다.
　그런데 광고가 싫어졌다.
　암과 관련된 광고가 이렇게 많은 줄 몰랐다.
　사람의 1/3은 결국 암에 걸린다거나, 한국인들에게는 무슨 암이 발병률 1위라거나, 지병이 있어도 보험에 가입된다고 하는 것들 말이다. 하루쯤 멍하니 텔레비전 채널을 돌려보면, 궁극적인 광고는 모두 암으로만 이루어진 게 아닐까 싶은 착각이 든다. 물론 내가 렉라자맨이라서 이런 생각을 할 확률이 높다.

미리 준비하는 것은 나쁘지 않다. 하지만 서른아홉 살에 폐암에 걸릴 줄은 예상하지 못했다. 광고에서 "미리" 준비하라는 것도 서른아홉 살은 아니었다. 2023년 나는 소위 "우리 나이"로 마흔한 살이었지만, 정부 정책에 따라 한시적으로 30대가 되었을 때 확진을 받았다. 30대가 되면 뭐 해, 곧 생일이라 어차피 한두 달이면 다시 40대가 되겠네, 30대를 누릴 수 있는 날도 며칠 없고, 갑자기 좋은 일이라도 일어나면—30대 노벨상이라거나—30대로 돌아간 의미가 있겠지, 라고 생각했는데 30대 렉라자맨이 될 줄은 몰랐다. 이것도 나름대로 드물긴 한 모양이다. 아마 그럴 것이다.

암과 관련된 광고, 아침 방송은…… 혼자서는 어떻게든 흘려보낼 수 있다. 하지만 같이 사는 사람에게는 쏟아지는 암 광고가 마음 아플 것이다. 암과 관련된 방송이 나오면 자연스럽게 채널을 돌린다. 하지만 자연스럽게 채널을 바꾸는 것은 어렵다.

혹시 연관 검색이나 알고리즘에 남을까봐 암 검색에도 신중을 기한다. 텔레비전 방송에서도 쏟아지는 걸 굳이 검색까지 하면서 더 보고 싶지 않기도 했다. 뭉뚱그려서 암이라고 부르지만 암은 부위마다, 사람마다 예후가 달라서 다른 암은 굳이 참조할 필요가 없기도 했다. 렉라자맨이 대장암을 신경쓴다고 해서 변할 것은 없다. 부작용과 마찬가지다. 신경을 쓴다고 해서 전이를 막을 수 있는 것도 아니다.

입원해서 62병동에 있을 때 가장 신기했던 건, 휴게실에 설치된 텔레비전으로 태연하게 암 관련 방송을 보는 환자들이었다. 무슨 버섯이 좋다, 어떤 음식을 자주 먹어야 한다 등 병원에서는 질색할 만한 내용들이었는데 재미있게 보는 환자들이 많았다. 병원에서 나눠준 「표적치료제의 이해」에서는 버섯이나 자연산 즙이나 이런 것들은 "절대 안 됩니다"라고 강조되어 있었는데. 모든 검열을 반대해왔지만, 병원 내에서는 저런 방송은 막아야 하는 게 아닐까 싶었다. 하지만 정작 환자들이 재미있게 보고 있으니 나쁠 것 없어 보이기도 했다. 너무 태연하게 보고 있어서, 차마 쓸 수 없는 나쁜 마음이 들기도 했다. 가끔씩 드는 옹졸한 마음까지 막을 수는 없고 그런 생각이 떠오를 때마다 자신이 싫어진다. 다만 다독일 수밖에 없겠다. 분명 장기적으로는 태연할 필요가 있다. 스트레스 관리도 신경쓰라고 하니까.

그러니까 방송도 그러려니…… 다만 적당히 "출연진의 개인적인 의견으로 방송사와는 무관합니다" 따위의 자막 한 줄로 방송 전체를 면피하려는 짓은 그만했으면 좋겠다. 먹으나 마나 한 영양제까지는 괜찮지만 자칫 위험할 수 있는—위험할 확률이 사실은 다분한—치료법을 그럴싸하게 내보내는 건 조금 더 신중하면 좋겠다. 건강 프로그램을 표방하면서 출연진과 방송과 방송사가 어떻게 전적으로 무관할 수 있단 말인가. 문제가 될 내용이면 검토를 더 해야 하는 것 아닌가. 방송 뒤에는 관련된 영양제나 식품 또는 보험 광고를 내보낼 거면서……

9. 노벨상

 렉라자맨이 된 후 처음으로 무슨무슨 상을 받은 한국 장편소설을 읽었다. 한 번에 읽기는 쉽지 않았다. 아직까지는 중간중간 "암암암암" 하는 소리가 들려와서 집중이 깨질 때가 많았다. 어디선가 허공에서, 방송에서, 책 속에서 "죽음"을 끝없이 떠들고 있다. 소설을 구성하는 두 축을 그을 수 있을 것 같다. 삶과 죽음, 아버지와 아들. 갑자기 아버지와 아들은 무슨 말인가 싶겠지만, 평소에 모든 서사의 핵심에는 아버지(또는 아버지격)와 아들(또는 아들격)의 이야기가 자리하고 있다고 믿는 편이다. 아버지와 아들이라는 축에, 삶과 죽음이라는 축을 이제야 하나 더 설정하고 있다.
 얼마나 살지도 모르는데 시간이 생기자 다시 소설책을 펴드는 게 한심하기는 했다. 소설 한 권 더 읽어서 무엇을 하려

나. 모래시계 속 시간이 떨어지는 기분이라, 기껏 읽은 소설이 재미없으면 화가 날지도 모른다. 아니다. 평소에도 소설이 형편없다고 느끼면 화를 냈다. 소설이 마음에 들지 않는 것은 상관없는데, 결격 사유가 심하면 화가 났다.

박사과정에 입학한 후 나는 심각한 회의에 빠진 적이 있다. 얼마나 심각했냐면 입학한 지 한 달이 되지 않아 휴학을 했다. 사실 휴학 이전에 이미 회의에 빠진 상태로 박사과정에 입학했던 게 문제였다. 대학원, 좁디좁은 인문학 전공에서 살아간다는 건 인간의 조건을 상당 부분 덜어놓아야 하는 것처럼 보였다. 폭력적인 교수 이야기는 너무 흔해서 아무도 관심 갖지 않았다. 지도교수의 눈치를 보다못해 파벌을 만들어 싸우는 사람들이 있었고, 지도교수는 은근히 그것을 즐겼다. 옆 전공에서는, 새벽에 술자리에 불러내서 판소리를 하라고 하는 일도 있었다. 다행히 그는 파면당했으니 일말의 정의는 이루어지는 모양이다. 하지만 일말은 어디까지나 일말, 대부분은 아무 일 없이 그냥 지나갔다. 그래도 되니까 그래왔고 앞으로도 크게 변하지 않을 것처럼 보였다.

원래 세상은 그렇다지만, 연구 대상으로 문학을 삼는 것과 문학을 즐기는 것은 다르다지만, 그래도 너무하다 싶은 모습을 너무 많이 봤다. 머리로는 연구는 어디까지나 연구, 어디까지나 직업, 문학은 텍스트라고 생각했지만, 잘 알수록 견디기 어려운 일은 있을 수밖에 없었다. 고작 석사과정을 마친 상태라, 연구에 미처 회의가 들기도 전에 이 판에 녹아드는 것이 견디기 어려워 휴학을 했다.

멍하게 시간을 보냈다. 석사과정을 거치며 할 줄 아는 것이라고는 뭔가 두들기는 일밖에 없었다. 어떤 분노를 담아 첫 장편소설을 썼는데, 너무나 평범하고 따뜻한 이야기가 나왔다. 마침 마감이 있는 문학상이 있어 투고를 했고 최종심에서 탈락했다. 그리고 복학을 했다. 이미 입학금과 등록금을 냈기 때문에 복학이라도 하는 수밖에 없었다. 염증을 느끼는 채로 웃으며 학교를 다녔다.

고백하자면, 어떤 수상작 때문에 다시 소설을 쓰게 되었다. 도서관에서 우연히 어떤어떤 문학상 수상작을 읽었는데, 역시 다 읽고 나자 화가 났다. 이 정도 작품에 상을 주는 것까지는 참을 수 있었는데, 뻔한 미사여구로 수상작을 미화하는 것은 견디기 어려웠다. 역시 머리로는 안다. 출판에도 마케팅이 필요하고, 당선작 없음이었다면 모를까 소설을 뽑아놓고 홍보를 하지 않을 수는 없고, 심사평이나 평론가의 여러 글 중 가장 화려한 부분만 뽑은 것이라는 사실도. 평론가들이 작품의 단점에 대해 말하지 않은 것은 아니다. 물론 장점은 쉽게, 단점은 한참 돌려 말하긴 하지만 이것도 일종의 직업윤리 차원으로 이해할 수 있다. 이제 작품 활동을 시작하는 사람에게 악평을 하는 것도 가혹하니까. 소위 "장편소설 대망론"이 출판계에 유행하던 때였고, 몇천만 원의 상금을 내걸었고, 출판사에서는 비용이 크게 들었으니 투자 비용을 회수하지 않을 수 없다.

하지만 결과적으로는 거짓말을 하고 있는 것 아닌가.

이 정도는 나도 쓰겠다.

아침을 먹고 소설을 쓰고 점심을 먹고 이어서 소설을 쓰고 저녁을 먹고 다시 이어서 소설을 쓰다가 술을 마시고 소설을 썼다. 아침이 되면 취해서 쓴 부분을 기억하지 못해 다시 쓰거나 고쳤다. 마침내 17일 만에 장편소설을 하나 썼지만 노벨상은 받지 못했다. 대신 그 작품으로 장편소설상을 받았다. 작품 이름은 비밀이다. 이런 형편없는 소설을, 결점이 눈에 보이는 작품을 뽑았다는 비난이 듣기 싫어서. 괜찮다. 누군가는 이 소설을 읽고 다시 소설가가 될 테니까. "이 정도는 나도 쓰겠다."

10. 외래

 엄밀하게 말하면 두번째 외래다. 퇴원 후 렉라자맨이 될 때 첫 외래를 다녀왔고, 이번 외래는 렉라자맨이 된 후 첫 검사다. 검사라고 했지만 채혈과 엑스레이가 전부다. 아직까지는 더 할 것도 없고 덜 할 것도 없다. 렉라자맨이 된 지 얼마 지나지 않았는데 더 나쁜 일이 벌써 찾아올 것 같지는 않다. 언젠가 만나게 되겠지만 적어도 오늘은 아니다. 나쁜 일에도 최소한 양심은 있을 테니까. 그렇게 믿고 싶다. 덥다. 최고 온도는 35도, 최저 온도는 27도다. 아침부터 매미가 울고 있고 아직 씻지 않았다. 병원 출발 전 한두 시간은 뭔가를 하기도 어렵고 기다리자니 지루하다.

 진료는 오후 한시 삼십분이다. 검사는 진료 두 시간 전에 가서 마쳐야 한다. 건강할 때, 대학 병원은 입구부터 사람을 질리게 한다고 생각했다. 지금은 아무 생각이 없다. 긴장되는 것도 없고 기대되는 것도 없다. 이것마저 착각일지 모른다. 아무 생각이 없다고 믿고 싶은 것이다. 적어도 지금은 자신을 돌아보거나 마음을 응시하는 일이 도움이 되지 않는 것 같다. 생각을 가지면 마음만 불안해진다. 산뜻하게 머리를 비우는 게 좋겠다. 원래부터 머리는 투명했기 때문에 어렵지 않다.

의사가 심드렁하게 3주 뒤에 보자고 하면 좋겠다.

퇴원 후 몸 상태를 매일 기록하고 있다. 하루 세 번의 체온, 기상 직후 몸무게, 먹은 것, 부작용의 구체적인 증세와 위치 등. 몸무게는 아주 조금씩 올라오고 있고 발열과 기침은 줄어들었다. 부작용이 생겼지만 예견된 것들이라 증세를 완화하는 약을 주거나 협진해주는 정도가 전부일 것이다. 이렇게 진행되기를 바란다.

어젯밤 꿈에는, 아버지가 나왔다. 어느 순간부터 꿈에 나온 아버지는 말을 하지 않는다. 아버지의 목소리를 재생할 만한 기억이 머릿속에 남아 있지 않나보다. 벌써 아버지의 목소리가 분명하게 기억나지 않는다. 기억이 안 나는 건 아닌데, 자연스럽게 떠오르지 않는다. 아버지도 그렇게 나에게 잊혀지고 있다.

아버지는 지하 노래방 같은 곳에 수감되어 있었다. 교도소는 아니다. 네온사인과 노래방 기기가 있는 교도소는 이상하니까…… 그런데 면회는 면회였다. 누구와 갔는지 기억나지 않는다. 분명히 형이랑 갔는데, 나는 형이 없다. 혹시 아버지에게 숨겨둔 자식이 있다면 모르겠지만.

말이 없는 아버지를 밤새 몇 번이나 찾아갔다. 지하 계단을 오르내렸던 기억은 생생하다. 말이 없으니 사연도 모르고, 억울한지도 모르고…… 눈을 뜨니 오전 여섯시 사십분이었다. 나는 발로 책장을 탁탁탁 치고 있었다.

슬슬 출발해야 한다. 7월에 찍은 엑스레이만 해도 열 장은 될 것 같다. 씻자. 이제 씻자.

"혹시 더 묻고 싶은 게 있나요?"

말이 많은 의사는 아니다. 약간의 미소가 있기는 하지만 대체로 무표정하고, 모니터만 바라본다. 벌써 뭔가를 말할 상황이 아니라는 것은 누구나 짐작할 수 있다. 당장 어떤 수치가 날뛰지 않는 것만으로도 오늘 하루는 넘긴 것이다.

묻고 싶은 것이라. "얼마나 남았습니까?" 물어도 대답할 리 없다. 얼마나 남았는지 의사도 정확하게 알 수 없고, 알아도 지금은 섣불리 말해줄 리가 없다. 한 달 남았다는 말을 들으면 바로 렉라자맨을 포기할 것 같다. 의학적으로는 한 달 남았는데 막상 살아보니 반년 남았을지도 모른다. 따라서 자칫 치료를 포기하는 환자를 줄이는 것도 의료인의 의무일 것이다. 결국 렉라자맨이 된다는 건 더 살고 덜 사는 일이다.

"수업을 해도 괜찮을까요? 일주일에 하루, 여섯 시간 정도만이라도."

"할 수 있으면 하셔도 됩니다. 할 수 있고 하고 싶으면 하시고, 아니면 못하는 겁니다. 남미 여행을 가도 되고, 아무것도 하기 싫으시면 집에서 쉬셔도 되니까요. 단지 집에만 있으면 아무래도 답답하고…… 완치가 되는 병이 아닌데, 그렇게 남은 시간을 보내는 건 아깝잖아요. 보통 ○년 정도 살 텐데."

다른 것은 들리지 않았다. 수업을 해도 된다는 말도, 여행 이야기도 상관없었다. 남은 시간을 보내라는 것, 몇 년이 남았다는 것, 달 단위의 시한부는 아니라는 것. 의사는 아무렇지도 않게 낫는 병이 아니라고 했다. 무엇을 해도 된다는 말은 무엇을 해도 어쩔 수 없다는 말처럼 들렸다. 그렇다면 내 일을 해야 한다. 그게 무엇인지는 모르겠다. 나도 무표정하게 고개를 끄덕였다. 큰 검정 마스크를 쓰고 온 게 편했다. 의사에게 마음을 드러내고 싶지 않았다. 의사는 다시 모니터를 바라보며 말했다.

"그리고 계속 소설도 쓰셔야죠."

나는 입원 때도, 의사에게도, 직업을 말한 적이 없다.

11. **기념**

"오늘이 세계 폐암의 날이래."

누가 "폐암의 날"을 만들었을까. 목적을 이해하면서도 속으로 거지같은 날이라고 중얼거렸다. 검색하니 기사가 쏟아진다. 굳이 읽어야 할 기사도 아니고 눈 감고 몰라야 할 내용도 아니다. 렉라자맨이 되면 모르고 싶어도 순식간에 막대한 정보를 우선 알게 된다. 달라지는 것이 없다는 걸 알면서도 기사를 읽고 있는 자신이 싫다. 아니, 싫은 것까지는 아니다. 요즘은 좋은 것도 없고 싫은 것도 없다. 3만 명 이상의 환자가 있고, 65세 이상이 2/3를 차지하고, 조기 발견이 어렵고, 국내 환자의 80퍼센트 이상은 암이 상당히 진행된 뒤에야 발견되고, 생존율은……

여러 종류의 우울증 자가 진단 테스트가 있다. 자기보고식 검사인데, 예전에 다녔던 정신과에서도 비슷한 테스트를 사용하고 있었다. 우울증 자가 진단 테스트는 늘 중상 단계였는데 렉라자맨이 되고 나서는 경미한 것으로 바뀌었다. 물론 아직 모르는 것일 수도 있으나 만사가 대수롭지 않다. 이게 더 심각한 것일지도 모르겠다.

12. 업무

  렉라자맨으로 활동한 지 3주가 지났다. 그리고 지금은 방학이다. 언제까지 방학일지는 모르겠지만 어쨌든 7, 8월은 방학이다.

  방학은 쉬는 기간이 아니다. 물론 방학하고 나면 으레 일주일 정도는 빈둥거린다. 막상 따져보면 일주일이나 놀 시간은 드물긴 했다. 방학이야말로 그동안 밀렸던 연구와 업무를 처리할 시간이기 때문이다. 연구계획서만 제출한 논문이라거나, 발표 신청만 해두고 전혀 쓰지 않았던 학술대회 발표문이라거나, 이미 선금을 받은 프로젝트 합숙이라거나, 다음 학기 강의 준비라거나. 무엇보다 학기중에는 메모만 했던, 쓰고 싶었던 소설을 쓸 수 있는 기회다.

  그리고 렉라자맨의 특권은 이 모든 일의 면제에 있다.

논문? 더이상 연구를 할 이유가 없다. 병중에도 묵묵히 다음 책장을 넘기는 위대한 연구자도 있지만 그건, 그 사람들이 렉라자맨이 아니라 연구자맨이기 때문이다. 나는 엄연히 렉라자맨이고, 히어로의 업무는 하나씩만 맡는 게 좋을 것이다. 한 명이 두 사람분을 하면, 나머지 한 사람이 할 일이 없으니까, 너무 유능한 것도 바람직하지 않다. 슈퍼맨이 망치도 휘두르고 손에서 거미줄도 나가고 혼자 다 해먹으면 안 그래도 불쌍한 스파이더맨은 할일이 없다. 무엇보다 연구에는 체력이 필요하다. 그것도 많이. 아이디어는 어디까지나 아이디어일 뿐이고, 그 가설을 검증하고 설득력 있게 현실화하려면 할일이 많다. 사실 연구 주제를 찾는 것부터가 다른 사람의 연구를 계속 읽고, 읽고, 또 읽는 일에서 나온다.

무엇보다 논문을 쓰면 소설을 쓸 시간이 없다. 논문과 소설의 분량이 둘 다 길기 때문에 절대적으로 들어가는 시간이 있다. 원고지로는 "100장~120장" 정도로 분량도 비슷하다. 즉흥적인 아이디어로는 할 수 없는, 끊임없이 쓰고 또 쓰고 고치고 또 고쳐야 "말이 된다". 평소에도 논문과 소설을 같이 쓰는 일은 버거웠다. 남은 시간이 적다면, 쓰고 싶었던 소설을 써야 한다.

"힘들면 걸어 다닐 수 있는 도서관 정도를 알아봐. 가서 소설 쓰는 게 어때?"

걸어 다닐 수 있는 도서관은 많다. 근처에는 여러 종류의 도서관이 있다. 문제는 큰 도서관을 제외하면 이런 도서관은 대체로 아동들을 위한 도서관이라, 어쩐지 앉아 있기에는 겸연쩍다. 물론 아무도 관심 갖지 않고, 누구도 의아하게 생각하지 않으리라는 것도 알지만, 어쨌든 "꿈"이나 "빛" 같은 단어가 들어가는 도서관은 가고 싶지 않다.

"우선 쉬어. 쉬면서 소설 쓰면 되겠네. 너무 스트레스 받으면 쉬고."

렉라자맨에게 소설을 쓰라니, 대체 평소에 소설을, 특히 내가 썼던 소설을 뭐라고 생각하고 있었던 것일까 한참 고민했다. 의외로 쉬면서 소설을 쓰라고 하는 사람들이 많아서 슬펐다. 내가, 아니 소설이, 아니 내가, 아니 내가 쓴 소설이 그렇게……

하지만 소설을 쓰라고 한 선배는 렉라자맨이 되었다고 했을 때 흔쾌히 프로젝트에서 내 업무를 가져간 사람이었다. 힘들면 도서관에 다니라던 선배도 일은 아무 신경 쓰지 말라고 했고, 실제로 업무와 관련해서는 이후 한 마디도 하지 않았다. 이 부분은 어떻게 된 거냐고 물을 만도 했는데. 대신 병원을 다녀온 날에는 잊지 않고 괜찮냐고 연락을 해왔다. 쉽지 않다, 다른 사람이 병원 다녀온 날을 잊지 않고 전화하는 건. 나는 누군가에게 그런 전화를 해본 기억이 없다.

할일이 사라진 렉라자맨의 남은 업무는 잘 자고, 잘 먹고, 잘 싸는 것이다. 다행히 셋 다 그럭저럭 막아내고 있다. 잘 먹는 건 어떻게 억지로 할 수 있는데, 잘 자는 것과 잘 싸는 일은 의지대로 되지 않는다. 잘 자려는 생각은 잠을 방해하고 잘 싸는 건 역량을 벗어난다. 하지만 어떻게든 잘 자고 잘 싸야 한다.

이때까지 쓰지 못했던 명작을 지금 와서 쓸 수 있을 리는 없다. 갑자기 삶이 달라졌지만 갑자기 깨달은 것은 없다. 암과 함께 찾아온 일생일대의 작품이 있을 리 없다. 이런 등가교환은 일어나지 않는다. 갑자기 좋은 작품을 쓴다면 이건 행운일까 노력일까 불행일까. 아버지가 생각난다. 아버지는 죽기 전 엄마에게 로또 복권을 사 오라고 졸랐다. 자신의 불행, 죽음의 대가로 일종의 행운이 찾아오지 않을까 믿었던 모양이다. 혼자서는 로또를 사러 갈 수조차 없는 몸 상태면서. 엄마는 몇 번 로또를 사다줬는데, 그때마다, 토요일 저녁마다 아버지의 실망한 표정을 잊을 수 없다고 했다. 나 역시 마찬가지다. 건강할 때도 쓰지 못했던 명작을 투암을 하면서 쓰기는 어렵다. 몸도 마음도, 무엇보다 머리가 온전하지 않으니까.

그래도 쓰고 싶은 건 어쩔 수 없다. 행운과 노력으로 될 일이 아니더라도 시도할 수밖에 없는 게 있다. 이때까지 글을 썼고, 글을 읽었고, 글을 사랑해왔으니까. 하지만 쓰고 싶은 이야기는 아직 없다. 더듬더듬 생각해도 마땅하지 않다. 지금은 렉라자맨의 활동에 집중할 때인 것 같기도 하다. 지금 쓰고 있는 것은 수필인가, 소설인가, 그 가운데에 있는 기록인가. 무엇이 되었더라도 거짓은 쓰지 않고, 뒤늦게 고치지도 않을 작정이다.『안네의 일기』나『난중일기』의 매력은 상대적으로 첨삭이 적었다는 데 있을 것 같다. 언제 죽을지 몰라서, 심하게 고치지는 않았을 것이다(물론 그럼에도 불구하고 꽤 고쳤으리라 의심한다. 혼자 읽고 쓰는 일기도 멋지게 쓰고 싶은 법이다).『투암기』를 발표할 수는 있을까. 발표를 하지 못하더라도 괜찮다. 원래 내가 쓰는 모든 것은 1차 자료―사료에 가까웠다. 뭔가를 기록해두면 나중에 다 쓸 일이 있었다. 1차 자료를 부수고 가공해서 소설을 발표해왔다. 사실 "나중에"가 있을지 없을지는 여전히 모르겠지만.

사실 명작은 이미 썼다. 나는 그렇게 믿어야겠다.

13. 오해

 기로에 섰다. 사람들에게 렉라자맨이 된 사실을 알리고 싶지 않다. 하지만 렉라자맨의 활동을 숨기자니 오해가 생길 수밖에 없었다. 일부분을 숨긴다는 것은 전체를 어그러뜨리는 일이다. 한 가지 사실만 말하지 않았는데 사실과 사실이, 흐름과 흐름이 조금씩 어긋나고 뒤틀린다. 어딘가 행동이 어색하고 말이 되지 않는 부분이 생긴다. 이 또한 앞으로 렉라자맨이 감당해야 할 일이다.

 다음 학기 강의를 쉽게 그만두기 어려웠다. 아직 개강이 한 달 반 정도 남았고, 맡은 강의는 전공필수가 아니다. 게다가 한 강의는 지난 10년 동안 두세 번 개설된 과목이었다. 맡기로 했던 과목을 물리려니 이유가 필요했다. 이럴 때 언제나 통하는, 만국 공통의 이유가 하나 있긴 했다.

― 일신상의 사유로 인해 다음 학기 수업을 맡기 어렵습니다. 죄송합니다.

어떤 오해가 생기더라도 상관하지 않기로 했다. 오해 또한 렉라자맨이 감당해야 할 무게니까. 의사 말대로, 예전과 같은 방식으로 사는 건 불가능하다. 다른 길을 걷는 법을 배우고 적응할 수밖에 없다.

연구소 자리를 하나 차지하고 있었다. 말은 연구소지만 30년쯤 된 철제 책상과 책상 밑으로 들어가지도 않는 의자 하나와 어디서 주워 온 삼단 책장 하나가 전부였다. 책상과 의자, 책장 모두 다른 연구실에서 "폐기"된 것들을 하나씩 모은 것이었다. 연구소의 모든 기물이 제각각이라 마치 프랑켄슈타인을 연상케 했다. 연구소에 잠깐 들른 친구는 "네가 이런 곳에서 공부하고 있는 줄 몰랐어. 어쩐지 미안해"라고 했다. 왜 미안한지에 대해서 친구는 끝까지 설명하지 못했다. 하지만 이런 자리라도 없는 것보다는 있는 게 나았다.

연구소 자리부터 빼야 했다. 날짜를 미룰 수 없었고 초조했다. 갑자기 쓰러진다면, 다시 일어나지 못한다면 이 방을 빼는 것은 아내의 몫이 된다. 이곳은 나의 모교이자 아내의 모교이기도 했다. 아내에게 이런 정리를 맡기고 싶진 않았다. 미리 모든 생활을 정리할 수는 없겠지만 할 수 있는 데까지는 해둬야 했다.

"선생님, 어디 좋은 소식 있으세요?"

황급히 방을 정리하러 갔던 날, 거의 마주치지 않던 동료가 자리에 있었다. 전공도 다르고, 간단한 목례 정도만 주고받던 관계였다. 책을 나르는 나를 보고 P는 웃으며 어디 임용되었냐고 물었고 나도 웃으며 아니라고 했다. 나는 표정을 숨기지 못하고 연기에 서투르기 때문에 거짓말을 해야 할 상황이면 입을 다문다. 침묵으로 사실이 들키더라도 다른 선택지가 없다. P는 고개를 갸웃거리며 그럼 다른 연구실로 이사를 가냐고 물었지만 이사 갈 연구실 따위는 없었다.

같이 방을 쓰던 J 선생님에게는 끝내 말하지 못하고 서둘러 짐을 정리했다. J 선생님이 오기 전에 빨리 정리를 마치고 싶었다. 여전히 더워서 숨이 막혔다. J 선생님은 학부 때 고전시가를 담당했던 은사이기도 했다. J 선생님에게 어떤 해명을 해야 했고, 충분히 비밀도 지켜주실 분이긴 했지만 끝내 침묵했다. 분명 J 선생님은 렉라자맨이 된 사실에 마음 아파하실 분이기 때문에 어쩔 수 없었다.

속일 수 있는 데까지, 아니 숨길 수 있는 데까지 숨겨야 할까. 하필 이사를 끝마쳤을 때 강연을 요청하는 연락이 세 건이

나 왔다. 1년에 강연은 한두 차례가 고작인데, 갑자기 연락이 온 이유를 알 수 없었다. 그때까지 살아 있을지 장담하기 어려웠기 때문에, 목소리와 몸 상태를 장담할 수 없기 때문에 정중하게 거절하고 다른 사람을 소개했다. 지인은 너무 바쁜 척하는 거 아니냐고 했고 나는 웃으며 미안하다고 했다. 세 건 중 하나는 수락할 수밖에 없었다. 다른 두 건은 "소설가"가 필요한 일이었지만, 나머지 한 건은 내가 필요한 일이었다. 한 건은 어떻게 감당할 수 있겠지.

다행히 이사를 끝낼 때까지 J 선생님은 오지 않았다.

14. 걷기

 어쩐지 쥐는 힘이 약해진 것 같다. 쥐는 것마다 손에서 미끌린다는 느낌을 받고, 실제로 떨어뜨린 적도 있다. 뭔가를 딛는 힘도 아울러 약해진 것 같다. 악력과 접지력 모두 차츰 흐릿하다. 천천히 중력과 멀어지는 게 아닐까, 언젠가 둥둥 뜨지 않을까 싶다. 걸음을 내디딜 때도, 예전보다는 조심스럽고 분명하게 디디려고 노력한다. 쥐는 자세와 걷는 자세, 서 있는 자세에 변화를 주고 있다.

 선배 A: "우리 학교 언덕에 맨발걷기를 하는 사람들이 많아. 맨발걷기가 그렇게 좋대."

 선배 B: "찾아보니까 어싱이 좋다던데 월정사 전나무 숲 어때?"

 맨발걷기나 어싱Earthing은 같은 말이다. 모두 미리 대화라도 나눈 것처럼 맨발걷기를 권하고 있다. 그렇다면 한 번쯤은 맨발로 걸을 수밖에 없다.

 그런데 도심에서는 맨발걷기를 할 곳이 없다. 아침 일찍 북한산 자락을 찾아갔는데 매일 오갈 수 있는 곳이 아니었다. 왕복 삼사십 분 운전해서 맨발로 걷는 건 나에게도 지구에게도 좋지 않을 것 같다. 세상 걱정을 할 때는 아니지만, 내가 떠난 후에도 지구가 부디 무탈하기를 바란다.

 무엇보다 맨발걷기는 만만치가 않았다. 이것이야말로 고난의 행군인가…… 십 분도 제대로 버티지 못했다. 아니, 대체 매일 맨발걷기를 하는 사람은 사실 은둔한 무공 고수인가. 뜬금없이 『강철은 어떻게 단련되었는가』 같은 러시아 혁명 소설이 생각났다. 벌써 하산하는 할아버지 할머니들을 보니 효과가 있어 보이긴 했다. 할아버지는 잘 단련된 강철 같은 팔뚝을 보이며 지나갔다.

 합리화는 쉽다. 굳이 맨발로 걸을 필요는 없잖아. 북한산은 언제나 어쩐지 이름이 만만하지 않았어. 이게 다 반공 교육 기억 때문이야. 꼭 "맨발"이 중요할까? 걷기라도 하는 쪽이 운동 효과가 있으니까, 맨발걷기를 하려면 어딘가를 꾸준히 찾아가야 하고, 어렵게 갔으니 한두 시간 이상은 걸을 테니까, 지압 효과가 있으니까, "결과적"으로 맨발걷기가 좋다는 거 아닐까? 플러스마이너스 정전기 지구와 접지 어쩌고는 도저히 믿기지 않는다.

무엇보다 자연의 회복, 이런 말에는 의구심이 든다. 다섯 명 중 두 명은 죽기 전 암을 경험하게 된다. 자연 상태의 인간에게 암이 자연스러운 것이라면 렉라자맨은 인조인간인가. 갑자기 무작정 자연으로 돌아가면, 자연도 당혹스럽지 않을까. 마음대로 떠났다가 제멋대로 찾아오는 것은 예의가 아니다. 정말 지구를 생각했다면 환경보호를 위해 수십 개의 에코백을 사는 일은 없었을 텐데.

무엇보다 나는 겁쟁이다. 해변에서 모래사장을 맨발로 걸을 때도, 혹시 날카로운 조개껍질이나 유리병 조각이 있을까 싶어서 조심조심 바닥을 보며 걷는다. 덕분에 파도를 보지 못하고 옷이 젖는 일이 흔하다. 맨발 아래 뭐가 있을지 몰라서 맨발걷기를 잘 하지 못한다. 렉라자맨에게 파상풍은 주사를 맞는 일로 끝나지 않는다. 가까운 1차 병원에서 진료를 받아도 임상간호사와 전화를 해야 안전하다.

합리화 결과 맨발걷기를 포기하고 집 주변을 걸었다. 작은 놀이터라고 생각했던 곳에 새로운 운동기구가 설치되어 있고 자갈이 박힌 짧은 산책길이 있었다. 파랑새는 가까이에 있었다. 수풀에 가려져 잘 보이지 않던, 그런 곳에 체육시설이 있었다. 파랑새도 가까이 있겠다, 다시 지구와 접촉……하는 일은 일어나지 않았다. 세 번쯤 갔다가, 벌레도 많고 발바닥도 아파 슬금슬금 그만뒀다. 자갈이 박힌 산책길을 맨발로 걷는 건 무리였다. 가까이 있는 파랑새라고 자주 볼 필요가 있는 건 아니니까.

15. 생일

렉라자맨이 되고 나서 31일이 지났다.
생일이 또 왔다. 다시 마흔 살이 되었다.

날짜에 의미 부여를 하지 않는다. 그저 숫자일 따름이야! 하는 건 아니다. 게을러서 그렇다. 날짜에 무심하니 기념일을 챙기지도 않는다. 기억나면 축하해줄 수 있어 좋고, 깜빡하면 어쩔 수 없는 일이다. 어렸을 때부터 배운 아버지의 성격 탓이다. 그래서 우리 가족은 지금도 아버지 기일을 "정확하게" 지키지 않는다. 아버지, 억울해도 소용없어요.

현실적인 이유도 있다. 가족들은 서울에, 세종에, 경북 고령군 다산면에 각각 흩어져 생업에 종사하고 있으므로 평일에 모이는 건 쉽지 않다. 아버지 기일은 7월 13일인데, 대체로 이

때쯤에는 비가 많이 온다. 장례를 치를 때도 3일 내내 비가 왔다. 아버지 무덤은 고령군 운수면에 있는데, 가을에 벌초를 하기 전에는 올라갈 수가 없다. 길이 사라지고 진흙탕만 남아 있다. 뱀도 무섭다. 아버지 기일 한번 지키자고 산 사람들이 초상치를 수는 없다.

사실, 더 중요한 이유는 심리적인 문제다. 아버지의 죽음을 태연하게 넘기려는 연기 같은 것인데, 연기가 필요하다는 말은 지나치게 충격을 받았단 말과 다르지 않다. 누나는 원래도 강한 편이고 지켜야 할 남편과 아들이 있었다. 엄마는 아버지의 죽음으로 내가 무너지는 것을 제일 걱정했다. 엄마는 짐짓 아버지의 죽음을 어쩔 수 없는 안타까운 일 정도로 치부하고 농담을 섞으려 했다. 누나와 엄마는 의연해야 할 이유가 있었으므로 버틸 수 있었는데, 나는 막내답게 마음껏 슬퍼하고 있었다. 나에게는 "짐짓"이 어려웠다. 혼자서 우는 일이 많았고, 길었다. 지나칠 정도로. 아버지의 기일은 내 생일 한 달 전이다.

렉라자맨으로 맞는 첫 생일이자 마지막 생일……이 될지도 모른다는 생각이 들었다. 기침을 하고 열 때문에 누워 있는 것보다 낫긴 낫구나. 생일 아침 열시에 『투암기』도 쓰고 있으니까. 생일은 말 그대로 태어나고, 살고, 살아 있는 날이라는 뜻이고, 어쨌든 지금 나는 살아 있다.

이제 생일이라는 말이 너무 크고 무겁다. 생일 대신 바꿔 쓸 수 있는 단어를 고민해봤다. 어쩔 수 없이 생일에 의미를 부여하는 삶을 살게 될 것 같다. 고민하다가 케이크에 초를 꽂았다. 긴 초로 네 개. 생일 축하 노래를 부르고 소원을 빌었다. 긴 초를 두 개 더 꽂을 때까지, 60살까지 살면 좋겠다. 혹시 소원이 "누군가에게" 정확하게 전달되지 않을까봐 "긴 초"라고 분명하게, "60살"이라고 구체적으로 빌었다. "짧은 초" 두 개가 되면, 렉라자 내성 기간 2년과 같아지니까. 이런 생각은 할 필요도 없고 하지도 말라고 하는데, 어떻게 할 수가 없다.

어제는 소아암에 천만 원을 기부했다는 기사를 읽었다. 같은 학교 사람이었고 나보다 어렸다. 4기암이었고 병원에서 지인들과 미리 장례식을 마친 후 세상을 떠났다고 했다. 오늘은 윤도현이 3년 동안 암 투병을 했고 완치되었다는 기사를 읽었다. 암과 관련된 기사는 매일 있다. 이제야 보이게 되었을 뿐이다.

아무것도 모르는 엄마와 장모님이 보내온 생일 축하금을 합쳐서 노량진 수산시장에 킹크랩을 주문했다. 한 번도 킹크랩을 먹어본 적이 없다. 킹크랩이란, 수산시장이나 수족관을 지나가면서 봤던 게 전부였다. 킹크랩도 종류가 많았다. 블루, 레드, 브라운이 있었는데, 실제로 파는 건 브라운밖에 없었다.

철이 따로 있나보다. 킹크랩을 먹고 버킷리스트를 하나 지웠다. 왜 킹크랩을 썼는지는 기억나지 않지만 블루나 레드를 먹을 때까지 살아 있고 싶은 맛이었다. 태풍 카눈이 남해안에 상륙했다. 부디 피해가 적기를 바란다. 요즘은 "부디"라는 말을 자주 한다. 생일은 정확하게 24시간 만에 지나갔다.

16. 여행

"그래서 뭐 할 건지 정했어요?"

"아직 모르겠습니다."

"정해야 할 텐데. 지금이 남아 있는 시간 중 가장 좋은 때거든요."

6주가 지났고 정기검진이 있었다. 채혈을 하고 엑스레이를 찍으면 되는, 상대적으로 간단한 검진이다. 진료 두 시간 전에 도착해서 미리 검사를 마치고 기다리는 건 고달프지만. 대학병원이란, 앉아 있을 자리가 언제나 부족한 곳이다. 간신히 앉으면 옆에는 또다른 아픈 사람이나, 환자를 걱정하는 사람이

나, 바삐 창구를 들락거리는 사람이 있다. 무심해져야 할 텐데 쉽지 않다. 유일하게 앉아 있을 수 있는 카페는 장례식장 안에 있다.

 의사의 말은 최선이다. 지난 검진 때 대화를 기억하고 오늘 진료에서 이야기를 이어나가는 의사의 친절이 고맙다. 수십 또는 수백 명의 환자가 있을 테니까. 수천 명일지도 모른다. 의사의 말이 사실이라는 것도 안다. 몸에서 느껴진다. 렉라자는 효과를 보이고 있다. 발열과 기침이 눈에 띄게 줄었다.

 남아 있는 시간 중에서는 지금이 가장 좋을 텐데.
 그런데 무엇을 해야 할지 알 수 없다.

 사람들은 한결같이 여행을 가라고 했다. 어렸을 때부터 여행은 좋아하지도 싫어하지도 않았다. 가면 가고, 가지 않으면 그만이다. 여행에서 무언가를 깨닫는다고 믿지도 않고, 무언가를 배워야 한다고 생각해본 적도 없다. 여행은 분명 특별한 일이지만 하루하루도 그리 평범하기만 한 것은 아니니까, 여행과 일상은 크게 다를 수 없다. 매일 여행을 다닌다는 말은 여행을 하지 않는다는 말과 다르지도 않다. 일상이 여행이 되는 순간 여행은 일상이 되어버린다. 여행은 하나의 선택지일 수는 있어도 답은 되지 않는다.

그러나 여행을 가라는 말에는 동의하기로 했다. 갈 이유도 없고 가지 않을 이유도 없다. 마지막 순간에, 못 가본 장소를 떠올리며 아쉬워할 것 같지는 않다. 죽는 순간에 그럴 만한 힘이나 여유는 없을 것 같다. 서서히 죽어간다는 것은 사고할 힘도 그만큼 잃어가는 것 아닐까. 죽음이라는 여행이 있는데 고작 지구에서 가지 않은 곳이 아쉬울 것 같지는 않다. 많은 사람들이 걸었고 모두가 가야 할 길을, 아무도 모르는 곳을 나 먼저 걸어가게 된다.

병원을 나오며 의사의 말을 자꾸 곱씹는다. 분명 남아 있는 시간 안에서 가장 좋은 때를 놓치기는 아쉽다. 지금이 가장 좋다는 말은 나빠지는 것만 남았다는 사실을 우회적으로 돌려 표현한 것이기도 하다. 잠깐, 답을 찾아야 하나? 예전에도 답을 몰랐다. 아프다고 해서 갑자기 혜안이 생길 수는 없다. 굳이 여행을 갈 이유가 없는 것처럼, 꼭 답을 찾아야 할 이유도 없다. 하지만 사람들은 자꾸 묻는다. 남은 시간을 어떻게 보낼 것이냐고. 나에게는 삶을 어떻게 살 것이냐는 질문과 동일하게 들린다. 그 답을 알지 못하며, 그럼에도 불구하고 궁금하기는 하다. 그래서 렉라자맨은 어떻게 살아야 하는가?

17. 독서

Q. 렉라자맨이 된 후 가장 달라진 변화는 무엇입니까?
A. 더이상 읽지 않습니다.

 그동안 습관적으로 뭔가를 읽어왔다. 소설을 쓰려면 먼저 다른 소설을 읽어야 한다고 생각했고, 새로운 연구는 다른 선행연구를 파악하는 과정에서 비롯되었으니까. 재미있어서도 읽고 재미없다고 화를 내면서도 읽고 심심해서도 읽고 읽으면서 지겨워하면서도 읽고 직업적으로도 읽고 도움이 되지 않는 것도 읽고…… 물론 그냥 아무 생각 없이 읽을 때가 가장 많았다. 읽으면서 다른 생각을 해서, 지금 내가 뭘 읽고 있더라, 깜빡할 때도 있었다.

렉라자맨이 되고 나서 문득 읽기의 무상함을 느꼈다.

그럴 리는 없다.

무상함을 느끼려면 이전에 유상하다고 생각해야 한다. 그런데 평소에도 글에서 유상함을 찾고 싶은 생각은 없었다. 지혜? 진실된 지혜가 있다면 그런 걸 고작 글로 적어둘 리 없다. 황금에라도 새겨둘 일이다. 지혜를 아는 사람이 책 따위를 쓸 리도 없다. 쓴다 하더라도 읽어서 알아낼 수는 없다. 읽는 것에 이유는 없다. 그냥, 필요하니까 읽는 것이다.

무엇보다 나는 지혜, 통찰 같은 말에 심드렁하다. 있다고 주장하는 사람들에게 진짜 있는 걸 보지 못했다. 책 속에 길이 없는 것은 아니다. 그러나 길은 마땅히 밖에서 찾을 일이다. 꼭 책에서 찾겠다면 말리지는 않겠다. 보통 그런 사람들은 말린다고 되는 사람들도 아니다. 지금까지 중고 서점에 책을 내다 파는 이유를 그럴듯하게 붙여서 말했다. 사실 오늘도 한 박스를 포장해서 문 앞에 내놓았다. 열다섯 권을 넣었는데 가격은 3만 원도 받기 어렵다. 하지만 이걸 하나하나 처분할 방법이 없다. 당근마켓을 하기에는 수줍음이 많다. 도서관 기증은 좋은 생각이 아니다. 대체로 도서관들은 기증 도서로 골치가 아프다. 매입조차 되지 않는 책은 분리수거에 내놓고 있으니까. 어쨌든 중고 서점에 팔면 하루치 일용할 양식이 생기긴 한다.

몇 번 책을 든 적이 있고 앞부분을 흥미롭게 보기도 했다.

그러나 더 읽고 싶은 생각은 들지 않았다. 책이 재미없어진 것일까. 이 와중에 무라카미 하루키의 신작 장편소설이 나왔다. 하루키의 장편소설이라면 궁금하기는 하다. 하루키는 1949년생이고, 한국전쟁보다 일찍 태어났는데, 지금도 소설을 쓰고 있다. 예전에는 오래 소설을 쓴 사실에 일종의 경외를 느끼곤 했는데 지금은 그저 오래 살았다는 사실만으로도 존경하고 싶은 마음이 든다. 아마 하루키의 소설이라면 다시 소설을 읽는 즐거움을 느끼게 해줄 것 같긴 하다.

지금 나는, 『투암기』라는 책을 읽고 있다고? 나는 늘 이런 아이러니가 좋았다. 필연적인 이율배반이라고 불러야 할까, 피할 수 없는.

아마, 지금 갖고 있는 문학에 대한 지식만으로도 1, 2년 정도 강의는 할 수 있을 것이다. 문학의 좋은 점이라면 업데이트가 아주 빠르게 일어나지 않는다는 점이다. 업데이트된 것이 기존 것보다 항상 좋으란 법이 없으니까. 솔직히, 더 나빠지지만 않아도 본전이라는 생각이 들 때가 많다. 물론 내가 쓴 글을 포함해서. 그러니까, 필요하면 나는 어차피 더 읽게 될 것이다. 지금은 그 필요를 느끼지 않을 뿐이다. 부디 더 읽고 싶기를 바란다.

종교 경전은 인정한다. 인정하지 않을 수 없다. 성경을 다시 읽어볼까, 불경 읽기를 시작해볼까 하는 고민은 든다. 심신의 안정을 얻기 위해서인가.

 아직까지 미련하게도 버리지 못한 책은, 삶에 대한 그만큼의 미련이다.

18. 새 옷

렉라자맨이 되기 1, 2년 전부터, 나는 새 옷을 사지 않았다. 의류 생산에는 막대한 물과 자원이 소모되기 때문에 환경과 지구를 위해서……는 아니다. 입던 옷이 아직 낡지 않았기 때문이다. 그렇다. 나는 옷이 낡아야 새 옷을 산다.

2021년에는 한창 옷을 많이 샀다. 마음먹고 겨울 코트를 사고, 봄가을 외투도 각각 두 벌씩 샀다. 겨울 코트와 봄가을 외투를 구분한다는 것 자체가 나에게는 혁명적인 일이었다. 물론 입을 때는 적당히 두께감에 따라 손에 잡히는 것부터 입긴 했지만. 나름대로 좋아하는 브랜드도 있다. "세인트 제임스"는 주기적으로 샀던 브랜드다. 세인트 제임스를 좋아하는 이유는 옷이 정해진 디자인으로만 나오기 때문이다. 같은 디자인에 색만 바뀌기 때문에 한번 사이즈를 알아두면 혼란스러울 일이 없다. 월요일은 빨간색, 화요일은 올리브색을 입으면 된다. 심지어 옷도 꽤 튼튼한 편이다.

렉라자맨이 되기 1, 2년 전부터, 옷은 왜 낡지 않았는가. 정장만 입고 다녔기 때문이다. 소설가라는 직업 때문인지, 나에게 기대하는 바가 없기 때문인지는 몰라도 사람들은 내 옷차림에 대해서는 대체로 관대하다. 티셔츠에 청바지만 입고 다녀도 뭐라고 하는 사람이 없다. 돌이켜보면 타인의 패션을 두고 참견하는 사람과는 상종하지 않았던 것인지도 모르겠다. 대신 깨끗하게 잘 세탁해서 입고 다녔다.

강사를 할 때도 마찬가지였다. 처음에는 일주일에 하루이틀만 전문대학 강의를 나갔기 때문에 옷에 대해서는 크게 신경 쓰지 않았다. 대학교 졸업사진을 위해 샀던 정장 한 벌이면 한 학기를 버틸 수 있었다. 살이 쪄서 허리가 맞지 않았지만 어떻게든 밀어넣으면 숨은 쉴 수 있었다. 시간당 2만 9,000원을 받았다. 지금도 전문대학 강의료는 4년제 대학의 절반 정도인데, 나는 아직까지 그 이유가 이해되지 않는다. 재학 기간이 절반이지 수업 시간이 절반인 것도 아니고, 수강생 수가 절반인 것도 아닌데 왜 강의료만 절반일까. 4년제도 강사료는 보통 한 달에 60만 원 정도지만. 이 돈으로 강의를 위해 옷을 산다는 건 뭐랄까, 사비를 털어 작업복을 사는 기분이었다. 와이셔츠도 최대한 아껴 입었다.

수업만 잘하면 되지, 에서 수업을 잘하기 위해서는 정장이 더 필요하다는 것을 뒤늦게 알았다. 한 학기를 매일 똑같은 정장을 입고 수업하는 건 아무래도 이상했다. 출강하는 학교가 늘면서 같은 옷으로 일주일을 버티는 건 불가능하기도 했다. 정장을 한 벌 더 사서 두 벌을 갖추고(그래도 다양한 정장을 갖추는 건 무리였다), 여러 벌의 와이셔츠를 사고, 정장에 맞는 구두를 샀다. 와이셔츠를 고를 줄 몰라서 시행착오가 있었다. 구두도 마찬가지다. 처음 샀던 구두는 발이 아파 도저히 강의를 다닐 수 없었다. 디자인을 일부 포기하고 발이 편한 것으로 사야 한다는 것을 몰랐다. 가능하면 주마다 정장을 바꾸거나 요일마다 와이셔츠 색깔을 조절하려는 정성을 가졌다. 아, 넥타이는 도저히 맬 수 없었다. 말을 오래하는 특성상 넥타이까지 하고 수업하기는 힘들었던 것도 있지만, 사실 끝까지 넥타이 매는 법을 배우지 못했다. 이상하게 매듭을 묶고 푸는 것은 늘 난감하기만 했다. 그리고 강의평가는 최상위권에 접어들었다. 거의 만점에 가까운 강의평가가 쏟아졌다. 정장을 입으면서 일상복은 1, 2년 전 모습을 그대로 유지했다. 학기중에는 정장을 입으니까 일상복을 입을 일이 없고, 방학 때는 집밖에 잘 나가지 않으니 옷을 입을 일이 적었다. 가끔 입는 정도로 옷은 낡지 않았다.

물론 옷만 바꾼 것은 아니다. 강의 방식에도 변화가 있었다. 하지만 근본적인 문제는 알맹이가 아니라 껍데기가 아니었을까. 내가 아는 내용이 바뀌거나, 1, 2년 사이에 엄청난 공부를 한 것은 아니니까 강의 내용에 큰 차이가 있다고 보기는 어렵다. 수강생들은 잘 입고 여유 있어 보이는 강사를 좋아한다. 어쩔 수 없다. 렉라자맨도 비슷할 것이다. 렉라자맨이라는 걸 들키지 않으려면 더 깔끔하게 다녀야 한다. 어렵겠지만.

이제 옷을 사는 데 돈을 쓰는 일이 내키지 않는다. 새 가을옷을 산다면 얼마나 더 입을 수 있을까. 두 계절을 입을지, 한 계절에 그칠지. 역시 가을옷을 봄에도 입는 게 좋겠다. 옷은 생필품이면서 사치품이기도 하다. 몸을 가리는 정도의 옷은 적당한 가격에 살 수 있다. 마음에 "약간 더" 드는 옷이 비쌀 뿐이다. 그 마음을 채우기 위해 돈을 써야 할까. 이미 내 마음은 비어 있다. 그래도 다음에 강의를 할 수 있다면, 더 비싸고 아름다운 옷을 입고 들어가야겠다. 넥타이는, 그때도 맬 줄 모를 것 같다. 나는 한번 못하는 것은 아무리 배워도 하지 못한다. 옷장에 걸려 있는 정장을 보면 서운해진다. 불과 두 달 전까지만 해도 한몸처럼 다녔는데. 정장을 가지런히 정리해서 더 깊숙한 곳으로 밀어넣었다.

19. CT와 MRI

 렉라자맨 취임 3개월 기념으로 CT와 MRI 검사가 기다리고 있었다. CT는 원발암 부위인 폐를 찍기 위해서, MRI는 약이 뇌에 전이된 암세포에 효과가 있는지를 확인하기 위해서 찍어야 한다. 머리에는 작은 병변이 있다. 의사는 아무렇지 않은 목소리로, 여차하면 감마나이프로 잘라내면 된다고 했다. 간단하게 처리할 수 있다는 뜻인지, 심각한 크기는 아니라는 설명인지, 이제 렉라자맨에게 진짜 심각한 일은 아무것도 없다는 말인지 짐작하기 어려웠다. 하지만 "여차하면"이라는 단어가 신경쓰였다. 여차하면을 긍정적으로 쓰는 사례를 잘 알지 못했다.

 영상판독에는 일주일 정도 시간이 걸린다. 그러니까 진료 일주일 전에 미리 찍어야 한다. CT는 밤 아홉시 사십분에, MRI는 한 시간 정도 뒤인 열시 삼십분에 예약되어 있었다. 퇴원한 이후로 밤에 대학 병원을 걷는 것은 처음이었다. 괜히 울적할 것 같았는데 고요한 밤은 나쁘지 않았다. 낮 병원의 소란함보다는 나았다. 침상을 사용해 이동하는 사람들을 보거나 급하게 뛰어가는 의사를 볼 때면 그다음 차례는 나라는 생각을 떨치기 힘들었으니까. 간호사들도 낮보다는 상대적으로 여유가 있어 보였다. 밤의 병원에는 조는 듯이 차례를 기다리는 사람들만 있었다. CT와 MRI 모두 조영제를 투여해야 하기 때문에, 미리 팔에 "주사 장치" 같은 것을 달았다. 커다란 바늘을 꽂으며 간호사가 무슨 농담을 했다. 환자에게 농담을 하는 간호사를 처음 봤다. 그런데 무슨 농담을 했더라?

CT를 찍는 분은 머리가 하얗게 세서, 마치 알고 있는 할머니 같았다. 할머니는 조영제가 들어가면 몸이 뜨거운 듯한 느낌이 드는데 혹시 견디기 어렵거나 부작용이 심한 것 같으면 말하라고 했다. 조영제가 처음은 아니었지만 이번 조영제는 또다른 느낌이었다. 투입하는 순간 발가락 끝까지 뜨거운 느낌이 훅 돌았다. 피는 정말 빠르게 몸을 순환하는구나. 정말 1초도 지나지 않은 것 같은데, 조영제 냄새가 입안에서 났다. CT는 금방 끝났다. 대기실 텔레비전에서는 다음날 일기예보가 나오고 있었다. 이전에 조영제 알레르기가 없더라도 지금은 생길 수 있으며, 그럴 경우 응급실로 가게 되며 비용이 발생할 수 있다는 안내를 받았다.

MRI는 CT보다 번거롭다. 우선 환자복으로 갈아입어야 하는데 바늘을 꽂은 채 탈의하는 것은 번거롭고 조심스럽다. 혹시라도 옷이 바늘을 건드릴까봐 천천히, 아주 느리게 환복했다. 두 번 정도 틀니나 금속 장치가 있는지 질문을 받았다. 귀마개를 끼고, 그 위에 헤드셋 같은 것을 씌우고, 다시 플라스틱 장치를 머리에 채웠다. 도저히 참지 못하겠으면 누르라는 둥근 스위치 같은 것을 오른손에 쥐었다. 손에 스위치를 쥐자 어쩐지 견디기 힘들지도 모르겠다는 생각이 들었다. 모든 것을 고정하고 나서 마지막에 손에 쥐여주었기 때문에 정작 스위치의 정확한 모양을 알지 못한다. 끝나고 확인하면 되겠지만 늘 잊었다. 마지막으로 시간은 이십오 분에서 삼십 분 정도, 꼼짝하면 안 된다, 촬영 중간에 조영제를 넣을 텐데 그때도 움직이면 안 된다는 주의사항을 안내받았다.

우리가 상상하는 모든 우주 소리는 다 MRI 기계에서 파생된 것이 아닐까. 삐용삐용, 부앙부앙, 빠지직빠지직 소리가 다채롭게 지나간다. 모두 한 번쯤 영화에서 들었던 소리다. 특수효과음은 다 여기서 녹음된 것 같다. 한참 듣다보면 내 머리를 자기장이 연주하고 있는 것 같다.

진행될수록 박자는 뽕짝을 닮아간다. 우주는 음악으로.

눈은 떠도 되지만 플라스틱 구조물 사이로 보이는 빛 말고는 볼 게 없다. 하얀 곳을 계속 바라보고 있으면 괜히 더 어지럽다. 눈을 감고 있으니 혼자 우주 속에 남겨진 것 같다. 구조 신호를 기다리면서 웅크리고 있는, 천천히 유영하고 있는. 혹시라도 검사가 잘못될까봐 긴장하면서 꼼짝 않는다. 진짜 MRI의 공포는 비싸다는 것(의료보험 만세), 결과가 안 나오면 반복해서 찍어야 한다는 것, 잘 찍히지 않으면 진단이 어렵고, 진단이 어려우면 생명이 위태로울 수 있다는 것이다. 예약부터도 힘들고.

상상 말고는 할 게 없다. 머리를 찍는데, 너무 많은 생각을 하면 안 되는 게 아닌가 하는 불안이 지나간다. 걱정하는 것조차 생각이니까, 아무 생각을 하지 않는 것은 불가능하다. 이러다 자면 어쩌지. 나도 모르는 사이에 뒤척이면 곤란한데. 처음에는 천천히 가던 시간이, 이제 얼마나 지났는지 짐작도 할 수 없게 된다. 그때 조영제를 넣을 것이니 움직이지 말라는 스피커 소리가 들린다. 구조 신호를 받은 것 같다. 당장은 아니고, 곧 갈 테니 조금만 더 버티라는 그런 신호 말이다. 기계가 잠깐 이동하고 두 사람 정도 드나드는 소리가 들린다. 조영제가 몸에 들어오고, 나는 다시 우주로 돌아간다.

몇 번이나 우주여행을 하게 될까. 처음에는 3개월마다, 나중에는 6개월에 한 번 검사하는 것 같은데, 그 6개월이 언제가 될지는 모른다. 6개월마다 검사할 때까지 살아 있다는 보장은 없는데, 문득 3년 고개 이야기가 생각난다. 넘어지면 3년밖에 살 수 없다는 풍문이 있는 고개에서 넘어진 노인이 집에서 울고 있는데, 어떤 아이가 그러면 3년마다 넘어지면 계속 살 수 있을 거라는 조언을 해준다는 옛날이야기다. 우주여행을 할 때마다 수명이 3개월씩 늘어난다고 생각해야겠다. MRI 기계 안에 있으면 별생각이 다 난다.

지구로 돌아온 뒤 지혈을 하고 있었다. 그 사이 일기예보는 끝나고, 텔레비전에서는 아시안게임 중계가 나왔다. 스포츠에 관심이 없으니 무슨 경기를 했는지 모르겠다. 어떤 60대 초반으로 보이는 아주머니가 휠체어를 타고 들어와서 간호사에게 인사했다.

"올해는 더 못 보겠네."

"그러게요 어머님. 다음 검사는 내년이시죠?"

"아유, 내일이면 퇴원이야."

간호사와 잘 아는 듯 보이는 아주머니는 지나치게 밝아 보였다. 지나치게 밝은 아주머니의 웃음소리가 반가웠다. 무슨 검사였는지는 몰라도 올해는 검사를 받지 않아도 된다니 좋은 소식일 거라고 마음대로 생각했다. 슬며시 같이 옆에 껴서 퇴원 축하드립니다, 하고 인사하고 싶었지만 지혈을 하느라 말을 걸 수 없었다. 다음 검사는 12월 26일이다. 돌아올 때는 차가 막히지 않아서 좋았다. 다음날 손목이 가려워서 긁어보니 모기 물린 듯 부풀어올랐다. 조영제를 부지런히 배출하기 위해 커피를 마셨다.

20. 결과

 첫 결과를 들었다. 주치의가 학회에 가야 해서 다른 의사에게 외래를 보게 되었다. 임상중이기 때문에 정해진 날짜에 검사와 진료를 봐야만 했다. 자격이 충분한 사람일 것이므로 상관은 없었다.

 진료 두 시간 전에 채혈을 해야 하는데 줄이 길게 밀려 있다. 등록을 하고도 채혈까지 이십오 분 정도 기다려야 한다는 안내가 있었다. 앉아 있을 곳은 많지 않고, 아직까지 서 있는 정도는 할 수 있어서 보행에 방해가 되지 않는 곳에 가서 기다렸다.
 채혈실은 공장 같다. 구역은 A, B, F 등이 있는데 기준은 모르겠다. A로 갈 때도 있고 F로 갈 때도 있다. 모든 구역을 한 바퀴 다 돌아봤기 때문에 특별히 어느 구역에 속한다고 할 수도 없다. 분명 구역에 따라 차이가 있을 것 같은데 이유는 알지 못하고 궁금한 것은 물어보지 않기로 한다. 호기심을 하나 해결할 수 있기는 하지만 바쁘게 돌아가는 대학 병원에서 그건 폐를 끼치는 일 같다. 안다고 해서 나에게 달라지는 것은 없다. 딩동딩동, 차례를 기다리며 채혈실은 공장인가 은행인가 고민하기 시작했다. 몇 걸음 떨어져 있지도 않지만 내 순서를 알리는 딩동 소리가 나면 마음이 급해졌다.

채혈도 싫지만 채혈을 기다리는 일은 공포다. 어렸을 때부터 주사 맞는 것을 끔찍하게도 싫어했다. 초등학교 1학년 때는 응급실에 실려가서도 주사를 갖고 오는 의사를 보고 탈출을 감행한 적이 있다. 중학생이 되었을 때 가장 좋았던 건, 의무적으로 맞아야 하는 주사가 거의 없다는 것이었다. 독감 예방 같은 것들이 대부분 선택 사항이 되었기 때문에, 접종과 관련된 가정통신문을 부모님께 보여드리지 않는 것으로 주사공포증 문제를 간단하게 해결했다. 고등학교 졸업할 때까지 최소한의 주사만 맞고 살았다. 하지만 오늘은 삼십 분 가까이 채혈을 기다려야 했다. 딩동딩동, 번호가 다가오는 것도 확인하면서. 번호도, 삶도, 죽음도 뒷덜미에 서 있다.

주삿바늘을 응시할 용기가 없어서 고개를 과장스럽게 돌렸다. 기다리는 사람들이 많다보니 어떻게 해도 눈이 마주쳤다. 문득 이때까지는 몰랐던 부끄러움을 느꼈다. 이봐, 당신은 어쨌든 마흔이라고. 하지만, 칠십이 되어도 주사는 무서울 것 같은데요. 어, 문득 칠십까지 살고 싶어지는데? 유난히 아팠다. 아픈 만큼 멍도 크게 들었다. 기다리는 사람이 많으면—바빠지고—멍이 들 확률이 높은 게 아닐까. 왼쪽 팔에 생긴 노란색 멍은 열흘쯤 갔다.

진료실로 가는 길에는 "사전연명의료의향서"를 작성할 수 있는 곳이 있다. 무의미한 생명 연장 치료를 받지 않겠다고 미리 밝혀두는 서류다. 처음부터 있었는지 어느새 입간판을 더 크게 만들어둔 것인지 모르겠다. 치료를 "거부"하는 "동의"를 작성한다는 게 조금 헷갈렸다. 렉라자맨이 된 후로 눈이 밝아져서 지나다닐 때 이런 곳은 반드시 보게 된다. 들어가서 작성해둘까 하다가 우선 지나쳤다. 아직은 용기가 모자랐다. 용기가 차오르는 것이 좋은 일인지 끝까지 겁쟁이가 되는 게 좋은 일인지 모르겠다. 좌절한 렉라자맨에게 지나친 용기가 차오르는 것도 위험할 것 같다.

의사는 좋은 사람이었다. 어차피 렉라자맨이 이해할 수 있는 범위는 좁다. 좋다, 보통이다, 나쁘다, 커졌다, 그대로다, 작아졌다, 어디가 어떻게 불편하다 정도가 전부다. 진료가 긴 것도 바라지 않는다. 진료가 짧다는 것은 아주 나쁘거나, 아직 나쁘지 않다는 것이니까. 의사는 CT 결과를 비교해서 보여주고 렉라자맨으로 거듭나고 있다는 것을 확인시켜줬다. 의사는 궁금한 점이 없냐고 물었고 나는 할말이 없었다. "다행입니다"라고 하려다가 다른 사람 이야기를 하는 것 같아 그만뒀다. 역시 할말이 없을 때는 감사하다는 말이 제일 좋았다. "감사합니다, 감사합니다. 감사합니다." 다음 진료는 주치의가 볼 것이고, 다시 오늘 의사를 볼 일이 있을까, 아마도 또 있겠지, 언젠가 이 사람을 다시 볼 날이 있기를, 길기를 바랐다.

21. 무지

　많은 암환자들이 자신의 병명이나 몸 상태에 대해 잘 모르고 떠난다는 이야기를 읽었다. 나도 그럴 것 같다. 가끔 이유 없는 통증이 느껴질 때면, 암이 왼쪽 폐에 생긴 것인지 오른쪽 폐에 생긴 것인지 알쏭달쏭했다. 통증은 분명하지만 위치는 모호하다. 아니, 통증조차도 사실 애매했다.

　환우 카페가 있다. 하루에도 수십 개의 글이 올라오고 너무나 활발하게 운영된다. 당사자의 글도 많지만 보통은 가족들이 글을 올린다. 판정을 받았는데 어떻게 해야 할지 모르겠다는 질문부터 시작해서 부작용에 대응하는 방법이라거나 가족의 이런저런 상태를 올린다. 무슨 약을 복용한 지 몇 개월이 지났고 지금은 어떤 상태라는 것과 함께 가끔 부고도 올라온다.

부고에서 빠지지 않는 것은 그동안 카페에서 많은 도움을 받아 감사하다는 내용과 앞으로는 카페에 들어오지 않겠다는 것이다. 마지막 인사를 나누고 탈퇴하는 모습은 지쳐 보이기도 하고 후련해 보이기도 한다. 불법이겠지만 남은 약을 나눠주는 경우도 있다. 약값이 비싸기 때문에 남은 약을 병원에 반환하는 것보다 다른 사람에게 조금이라도 도움을 주고 싶은 마음일 것이다.

처음에는 환우 모임에 들어갔다. 하지만 병에 대해 읽고 있으면 우울할 수밖에 없다. 살아 있다고, 잘 견뎌내고 있다는 글은 무척 반갑지만 그만큼 드물다. 누군가는 몇 년째 살고 있고 누군가는 몇 달 이내에 떠났는데, 산다는 글보다 버티지 못했다는 글이 훨씬 더 많을 수밖에 없다. 얼굴도 모르는 사람이지만 떠났다는 이야기를 읽는 것은 아무래도 괴롭다. 괴로울 수밖에 없다.

의외로 암 치료 방식은 단순하다. 첫째, 병원에서 시킨 대로 한다. 둘째, 병원에서 하지 말라는 것은 하지 않는다. 더이상 정보가 필요하지도 않고, 있다고 해서 더 살 수 있는 것도 아니다. 현혹되는 이야기가 많아서 가려듣는 것도 힘들다. 무슨 버섯이라거나, 약초라거나, 즙이라거나 하는 것들이 너무 많다.

렉라자의 성분에 대해 알지 못한다. 작용 방식에 대해서도 막연하게 이해할 뿐이다. 어떻게 이 작은 알약의 성분들이 암세포를 찾아 공격하는지, 24시간 동안 같은 농도를 유지하는지 알 수 없다. 사실 농도는 유지되지 않는 것일지도 모른다.

렉라자는 상표명이고 성분명은 레이저티닙이다. 막연하게 "레이저"처럼 공격하는 것인가 외에는 아는 것이 없다. 엑손19 결손 또는 엑손21 치환 변이에 효과를 보인다는 것인데, 엑손이 왜 엑손인지 알지 못한다. 이름에 대해서도, 19와 21에 대해서도 굳이 알고 싶지 않다. 내가 할 일과 할 수 있는 일은 정해진 시간에 따라 규칙적으로 복용하는 것뿐이다. 꼭 손은 씻은 뒤에. 렉라자 복용법에는 꼭 복용 전에 손을 씻으라는 문구가 있다. 사실 다른 모든 약의 복용 지침에도 손을 씻으라는 게 있었는데 이때까지 그냥 먹었던 것일까? 해열제를 먹으며 손을 따로 씻은 기억은 없다. 평균보다는 손을 자주 씻는 편이라고 생각하고 싶은데, 평소에도 "평균" 자체를 신뢰하지 못하니 갑자기 불안하다. 남자 화장실을 나오다보면 손 씻기에 대한 회의가 들 수밖에 없다.

렉라자의 방식에 대해서는 병원에서도 자세하게 설명해주지 않는다. 환자에게 이해시키기도 힘들 것이고, 이해보다는 치료가 더 효과적일 테니까. 설명했는데도 내가 알아듣지 못했을 수도 있다. 환자에 따라 경우가 다른 것이 암이다보니 희망 고문도 잔인한 사실도 불필요해 보인다. 그저 "지금은" 약이 잘 듣고 있고, 그렇다면 다행이라는 의사의 말에 동의할 수밖에 없었다.

다음 치료도 마찬가지다. 내성이 생기면 표준 항암과 같은 다른 방법들이 있다. 무엇을 선택할 것인가, 선택할 수 있을 것인가 역시 그때가 되어봐야 알 수 있다. 주치의도 지금은 모른다. 또는 말해줄 생각이 없거나. 유전자 검사에 따라 다른 표적 치료제를 한 번 더 사용할 수 있는 경우도 낮은 확률이지만 존재한다. "지금" "일반적으로" "가장 적합한" 치료가 있고, 그 치료를 사용하고 있고, 그 치료가 효과를 보이고 있으면 답은 그것으로 충분하다. 미리 알아보고 대응하는 것은 별다른 도움이 되지 않는다. 이제 더 늦을 것도 없다.

하지 말라는 것만 지키면 된다. 병원은 꼭 필요한 것에 대해서는 안내를 잊지 않는 편이다. 궁금한 것은 전화로 물어볼 수도 있고, 6주마다 한 번씩 방문하기 때문에 질문할 기회는 지나칠 정도로 많다. 하지만 의사를 만나면 오히려 할말이 없다. 피부발진이 있습니다, 무작위로 나타났다가 사라지고 있습니다, 하면 그럴 수 있겠다고 답하고 피부 연고를 처방해준다. 일어나지 않은 부작용에 대해 미리 약을 처방받을 필요는 당연히 없다. 미리 알아야 할 것이 없는 셈인데 결국 자연스럽게 뭔가를 아는 것을 기피하게 된다. 먼저 마음이 그렇게 된다. 안다고 달라지는 것은 없고, 아니 불안함이 가중되기 쉽다. 알 필요가 없고, 알 수도 없으며, 알아서 좋을 것이 없다는 마음이 된다.

22. **표명**

 렉라자맨이 된 후, 처음으로 사람을 마주하고 상태를 고백했다. 꼭 만나야 할 필요는 없지만 만나지 않을 이유도 없는, 갑작스러운 약속 때문이었다. 예전에는 당일 약속은 잘 응하지 않았는데, 사람 얼굴 본 지 오래되었다는 생각에 나갔다. 만난 사람은 출판사 사람이었다.

 출판사 사람들과 대화를 하면 "나는" 재밌다. 단지 그들은 재미없어하는 것 같아서 붙잡기 미안할 뿐이다. 이야기를 하는 것보다는 듣는 게 더 좋다. 보통 딱히 비밀은 아니지만 나는 잘 모르는 이야기가, 출판계의 숨은 일화가 나오기 때문이다. 가령, 김승옥 소설가가 한 달에 한 번 인세를 받으러 출판사에 마실 나왔다는 이야기 같은 것들도 무척 흥미롭다. 물론 어디까지나 출판사 사람과 만나는 건 일 때문이고, 일 이야기를 하다보면 출판계 이야기를 들을 시간이 줄어든다. 이것저것 물어보다보면 경계하기도 한다.

 렉라자맨이 될 때부터 『투암기』를 써야겠다는 생각을 했다. 문제는 에세이를 써본 경험이 미천하다는 것. 써본 적이야 몇 번 있지만 본격적으로 쓰지는 못했다. 전격적인 자유에 익숙하지 않아서 그런지 몰라도 에세이를 생각하면 늘 막막했다. 소설은 일종의 형식이 있고 문법이 있기 때문에—물론 스스로 형식을 부단히 파괴하려 든다는 점이 소설의 매력이지만—나름대로 생각하는 기준이 있는데, 아직까지 "나의" 에세이에는 잣대가 없다. 『투암기』를 써야겠다는 생각은 있는데, 에세이의 경험과 기준은 없고, 지금부터 이걸 배우기 시작하면 아마 세상을 떠나기 전까지 시작도 못할 확률이 높다.

 물어보면 된다. 한 권의 책에 적합한 분량이라거나, 출판사에서 생각하는 좋은 에세이의 조건 같은. 나는 이 출판사의 에세이를 상당히 신뢰하는 편이고, 출판사와 인연을 맺기 전부터 출간된 에세이를 사 모으기도 했다. 만났던 출판사 사람 중에서 신뢰가 있기도 했다. 문제는 나는 대체로 편집자를 신뢰하고, 싫었던 편집자는 없었다(그들은 나를 싫어했던 것 같지만). 편집자를 신뢰하지 않으면 일을 할 수 없다고 생각한다.

출판사 사람을 믿었던 건, 예전에 계약하기에 앞서 나눴던 대화 때문이다. 처음 만난 자리에서 할말이 없어서, "요즘은 어떤 책이 잘 되나요?" 하고 물었다. 요즘은 편집자를 한 번도 보지 않고 이메일만으로도—전화 한 통 없이—계약을 하고 출간을 진행할 수 있기 때문에, 출판사 사람을 광화문 교보문고 앞에서 만나는 것 자체가 다소 부담스러운 상황이었다. 아무리 책을 내는 게 직업이고 회의 때문에 이쪽으로 올 일이 있어도 그렇지, 처음 만나는 장소가 교보문고 앞이라는 건 너무 상징적이지 않을까. 작위적인 것 같기도 하고. 그때 출판사 사람은 이렇게 답했다. "글쎄요. 예전에는 어떤 책이 된다는 감이 있었는데, 이제는 모르겠습니다. 정말 모르겠어요." 나는 그 말이 좋았다.

"아플 거라고 짐작은 했습니다."
한 달 전인가, 이미 나는 낚였던 적이 있다. 역시 일 이야기를 하던 도중에 출판사 사람은 문득 "건강은 괜찮으세요?"라고 물었고, 나는 깜짝 놀라서 "혹시 제가 건강 이야기를 했던가요?" 하고 되물었다. 렉라자맨이 된 이후로 어쩐지 기억에 대한 자신이 없었다. 출판사 사람은 아무 의미 없는 농담이라고 했지만 당황한 나는 건강과 관련된 원고를 쓰고 있다는 상당히 이상한 말을 해버렸다. 『물은 답을 알고 있다』거나 『지구와 접촉하는 법―맨발걷기』에 대한 책을 써볼까라고 둘러댔지만, 이미 나는 급속하게 의기소침해졌고, 그러므로 출판사 사람이 뭔가 이상하다고 생각했더라도 이상한 일은 아니었다. 나는 이렇게 투명하다. 멍청하다고 해도 좋다.『투암기』에 대한 마음을 털어놓았다.

"유한양행에 연락해서 후원 좀 받아주세요."

"아, 작가의 말에 유한양행에게 감사를 전한다고 쓰면 되겠네요."

내가 말한 건 그게 아닌데…… 표명을 하고 돌아오는 길은 어쩐지 교통체증도 없이 시원시원했다. 표명을 더 자주 해야겠다거나, 철저히 숨겨야겠다거나, 이런 생각은 들지 않았다. 어쩌면 오늘 대화조차 일 이야기일지도 모른다.

23. 수다

 렉라자맨의 중대한 부작용은 수다다. 아직까지는 나에게서만 발견된 것 같으니 부작용이 아니라 변화라고 해야 할지도 모르겠다. 그래도 우선 부작용이라고 하자. 이게 부작용인지 아닌지 한참을 고민하고 있지만, 지금 쓰고 있는 이야기도 반복하고 있을 수도 있지만(이건 편집자가 나중에 알려줄 수 있는 문제다). 나를 잘 아는 사람은 부작용이 아니라고, 원래부터 그랬다고 할지도 모르겠지만.

 수다를 이야기하려면 먼저 기억을 변명해야 한다. 뇌전이가 있어서 그럴까, 두통도 부작용의 일환이라서 그럴까, 기억력 그 자체보다 기억력에 대한 자신감이 먼저 떨어졌다. 사실 기억력의 감퇴는 그전부터 진행되고 있었던 단순한 노화의 증거일 수도 있다. 아니면 역시 머리가 나빴다거나. 나를 잘 아는 사람은 원래부터 그랬다고 할지도 모르겠다.

어느 쪽이건 간에, 렉라자맨이 된 후 뭔가 놓치는 게 늘었다는 의심을 하기 시작했다. 나는 문이나 가스 밸브를 잠갔는지 의심하는 편이다. 다행히 도어록이 보편화되고 가스 밸브에 타이머를 단 이후로는 이런 문제는 사라졌지만, 대신 운전을 시작하면서는 차문을 제대로 잠갔는지 확신이 서지 않아 다시 한번 빽빽 확인하기 시작했다. 집을 나갈 때 휴대전화나 열쇠 따위를 제대로 챙겼는지도 몇 번씩 확인하는 편이다. 음, 대학교 1학년 때, 수업에 들어가야 하는데 아무리 찾아도 휴대전화가 보이지 않았다. 어쩔 수 없이 통화하고 있던 친구에게 나 조금 늦을 것 같다고, 휴대전화가 없다고 하니까 친구의 대답은, 당연히, "그럼 지금 뭘로 통화하고 있는 거야?"였다. 그러니까 역시 나를 잘 아는 사람이 원래부터 그랬다고 해도 할말이 없다.

기억에 대한 자신은 없는데, 사람들을 잘 만나지 않으니 한번 만났을 때 뭔가 말을 하고 싶은 충동을 강하게 느낀다. 나는 "대외적으로는" 말이 없는 편이라고 알려져 있다. 엄살 못지않게 경계도 심하고, 선뜻 친해지기를 번거로워하는 편이기도 하다. 말을 하느니 듣는 쪽을 택한다. 하지만 진짜 말이 없는 사람은 없다. 아무리 말이 없는 사람도 누군가에게는 말이 많다. 가까운 친구, 가족, 어떤 지인에게는 말이 많을 것이다. 반드시 그럴 수밖에 없다. 사극에서도 "곧 죽을 놈이 말이 많구나!" 하는 대사가 늘 등장하지 않던가. 보통 이 대사를 하는 쪽이 곧 죽는다. 곧 죽는다는 것이 어떤 의미인지 아는 사람이라면 말이 많은 이유를 이해해줄 텐데. 이해심이 적으면 곧 죽을 수도 있다.

여러 가지가 결합된다. 사람을 잘 만나지 않으니까, 만나는 사람은 정말 친한 사람이다. 친한 사람에게는 말이 많다. 렉라자맨이 된 후로는 사람을 더 만나지 않으니까, 그럼에도 불구하고 만나는 사람은 정말정말 친한 사람이다. 말을 많이 해도 이해해줄 수 있는 사람이다. 누나다.

렉라자맨이 된 후 두 번 이상 만난 사람은 누나가 유일했다. 누나는 세 번 만났다. 입원했을 때 한 번, 추석 전에 한 번, 추석과 한글날까지 지난 후 한 번.

누나는 멀리 살고, 공무원이다. 가끔 서울에 출장이 있다. 아마 예전에도 출장은 많았을 것이다. 당연히 렉라자맨이 되기 전에는 출장을 나에게 알리지도 않았고(알린다고 답장할 내가 아니다), 출장이라고 따로 만난 적도 없다. 누나도 바빴고 나도 바빴으니까. 누나가 서울에 출장을 온다고 해서 만나러 나갈 시간 따위는 나에게도 없었다. 만나면 서로 반갑게 빈정대기 바빴다.

렉라자맨이 되고 나자, 누나는 출장을 올 때마다 나에게 연락을 한다(정확하게는 두 번 출장에 한 번이지만). 나도 언제나 바로 알겠다고 하고 나간다(정확하게는 이제 두 번 만났지만). 한 번은 고속버스터미널에서, 다른 한 번은 서울역에서 만났다. 스쿨버스 안전 문제로 조카(동하)의 에버랜드행 수학여행이 취소되고 조치원 시장 체험으로 바뀌었다는 말을 듣는다.

"소정의 용돈이라. 요즘 초등학교 6학년에게 약간의 용돈은 얼마야?"

"글쎄. 아이들도 카드를 쓰니까."

"용돈 꿍치기 힘들겠네."

"카드 명의가 애 이름으로 되어 있어서 괜찮아."

"어차피 누나가 그 내역 다 볼 수 있는 거 아냐? 보호자니까."

"그건 그렇지."

누나는 끝내 안 본다는 이야기는 하지 않았다. 이야기를 하다 보면 두 시간이 금방 간다. 다시 서울역으로 돌아와 헤어졌다. 헤어지기 전 누나는 내 손을 잡고, 힘껏 끌어안은 뒤 기차를 타러 갔다. 나는 대체 누나와 무슨 이야기를 했는지 곰곰이 되씹으면서 집으로 돌아왔다. 나는 무슨 이야기를 했고, 누나는 무슨 이야기를 들었던가.

수학여행 용돈은 2만 원까지 가지고 갈 수 있다고 했다. 나는 조카 용돈을 잠깐 고민했다가 만 원짜리 한 장을 건넸다. 예전이라면 성큼 5만 원을 꺼냈겠지만 이제 삼촌도 용돈을 아껴 써야 하거든. 미안하다 조카야. 중학교 수학여행 때는 더 줄게. 그때까지 삼촌이 살아 있다면 말이다만.

24. 아침

 여덟시 오십분에 일어나도 아침은 아침이다. 가을비가 주구장창 내려서 밖이 깜깜하지만 역시 아침은 아침이다. 지구상의 어딘가에는 아침이 오지 않는 곳도 있을지도 모르겠지만 아무래도 아침은 아침이다. 일어나는 게 힘들다. 렉라자 때문에 유독 더 피곤한 건지, 그냥 흐린 아침 날씨 때문인지 모르겠다. 물론 가장 가능성 높은 건 단순 노화 또는 운동 부족일 것이다.

 설문조사가 기억난다. 렉라자맨이 되고 나서는, 병원에서 두 쪽짜리 설문조사를 한다. 렉라자맨으로서의 생활을 전혀 아니다, 조금 아니다, 보통이다, 조금 그렇다, 매우 그렇다, 5점 척도로 스스로 평가하는 것이다. 피로감부터 시작해서 화장실 문제까지 세세한 질문이 준비되어 있었다. 일상생활이 어렵다거나 예전에 비해 피로가 심하다거나 하는 항목은 대체로 아니다 쪽에 체크했다. 업무 과중에 시달리다가 집에만 있으니 크게 피로할 일이 없었다. 설문조사의 목적과 보다 나은 의료를 위해 최대한 정직하고 신중하게 답했지만, 돌이켜보면 응답을 할 때 일종의 오기 같은 것도 있었던 것 같다. 아닙니다, 나는 여전히 멀쩡합니다, 아직까지는 충분히 견딜 수 있습니다 같은 오기, 고집, 집념.

설문조사의 초반부는 무난했는데, 역시 중요한 건 후반부였다. 마지막 몇 개 문항은—아마도 정신적인 문제를 확인하려고 했던 것 같은데—렉라자맨이 된 이후의 또다른 불편함 같은 것에 대해 상당히 답하기 어렵게 묻고 있었다. 예전보다 부정적이라거나, 화가 난다거나, 우울하냐는 질문에는 매우 그렇다라는 답을 할 수밖에 없었다. 어쩐지 매사에 불만 가득한 투덜이 스머프가 된 것 같았다. 투덜이 스머프가 누구냐고? 아아, 이럴 때마다 문득 슬퍼진다. 나는 당연하게 알고 있으며 사랑스러웠던 캐릭터가, 단지 오래되었다는 이유로 소통할 수 없는, 잊혀진 무엇이 되어버렸다는 걸 확인할 때는 나도 슬프고 투덜이 스머프도 슬프고 가가멜도 슬퍼할 것이니까…… 가가멜은 왜 그렇게 스머프에 집착했던 것일까. 황금, 스머프로 황금을 만들 수 있어서 그랬던 것 같다. 다 돈 때문인가보다. 멍청한 가가멜, 황금도 살아 있어야 필요한 거야. 멍청한 렉라자맨, 살아 있으려면 돈이 필요해.

육체에 대해서는 가능한 한 긍정적으로 답하고 싶어하는 마음과, 일상이나 정신적인 측면에서는 불편함을 호소하고 싶은 어리광이 충돌한다. 아침에 일어나는 일만 해도 그렇다. 처음에 렉라자맨이 되었을 때는 너무 잘 일어나서 문제였다. 정확하게 여덟 시간만 자면 벌떡 일어났다. 아무래도 한여름이니까, 아침 일찍 너무 많은 빛이 날 깨우니까. 지금은 하루에 아홉 시간쯤 잔다. 그 사이에 여름이 지나가고 가을이 왔고, 가을도 벌써 지나갈 것 같은—지구온난화를 걱정하자—계절이 되었고 잠이 늘었다. 겨울이 되면 아침은 더 짧아지고, 낮도 더 짧아지겠지. 평소에도 날씨의 영향을 많이 받았는데 렉라자맨이 되고 나니 한층 더하다. 이불 속에서 나올 수가 없다. 그나마 이불 속에 있을 때 행복 비슷한 걸 느끼긴 한다. 멍하게 일어날 때는 잠깐 렉라자맨이라는 사실을 잊을 수도 있다. 다행히 일어나는 순간은, 찰나만큼은 아무렇지도 않다.

렉라자맨의 숙명은 이불과 싸우는 것이다. 부드러운 이불의 유혹은 모든 것을 무장해제시킨다. 꼼지락거리며 먼저 발부터 빼내고, 문득 발이 시려서 다시 이불 속으로 후퇴했다가, 후퇴하는 김에 머리도 이불 속으로 집어넣었다가, 갑갑해져서 결국 항복하고 나온다. 곰곰이 생각해보니 굳이 이불과 싸울 필요는 없었다. 씩씩하게 나가서 산책을 하는 것도 물론 "긍정적"이겠지만 "굳이"라는 생각도 든다. 하루에 필요한 운동을 적절하게 채운다면, 그게 아침이든 낮이든 그렇게 중요할까. 부지런하게 살았던 건 아니지만, 내 나름대로 적당하게는 살아왔으므로, 무한정 게으름을 피우는 일이 어쩐지 익숙하지가 않다. 남은 문제는 오늘 아침이다. 그래서, 오늘은 또 무엇을 먹어야 할까. 오늘 하루는 어떻게 살아야 할까.

25. 금주

당연히 술은 끝이다. 유일한 안도는 술값이 오른다는 뉴스를 분노하지 않고 담담하게 볼 수 있다는 것 정도다. 금주가 아무 문제가 되지 않는 택자맨들은 좋겠다. 가장 오래 사귄 친구와 갑작스럽게 헤어지는 마음이 편할 수 없다. 언젠가는 이별이 올 줄 알았지만 그게 지금일지는 역시 몰랐다. 막연히 환갑이 지나면 술을 줄일 생각이었고(끊어야지가 아니라), 아직 환갑까지 20년은 남아 있으니 이 친구와 더 오래 이야기를 나눌 수 있을 줄 알았다. 모든 막연함은 바로 지금이고, 모든 기대는 예상과 어긋나는 법이다.

냉장고에 남아 있었던 맥주 한 캔을 꺼내 냄비에 부었다. 맥주를 그냥 버리는 짓은 차마 할 수 없으니 수육 재료로나 쓰는 수밖에. 캔을 따서 맥주 향을 오래 맡았다. 이제 술이란 향기 정도로만 간신히 음미, 아니 흠향할 수 있는 그런 것이 되었다. 의사에게는 감히 무서워서 물어보지 못한다. 제정신이냐는 의사의 대답보다 마시거나 말거나 상관없으니 마음대로 하라는 말이 나올까 무섭다.

 처음에는 무알코올 맥주라도 마셨다. 여러 종류를 바꿔가며 마셔보니 맛은 짐작했던 것보다 나쁘지 않았다. 맛은 나쁘지 않은데, 무알코올 맥주는 한 병 이상 마실 수가 없었다. 몸에서 강렬하게 거부하는 듯했다. 무한대로 마실 수 있었던 맥주와 달리 콜라보다 많이 마시기도 힘들었다(맥주만큼 마실 수 있다니, 콜라는 정말 잘 만든 음료다). 고심 끝에 가장 진짜 맥주에 가까운 가짜 맥주를 찾아낸 뒤 탐색은 그것으로 그만뒀다. 마지막으로 샀던 무알코올 맥주 서너 캔은 여전히 냉장고에서 자기들끼리 놀고 있다. 확, 무알코올 맥주도 수육 삶을 때 넣어버릴까보다.

 술을 끊으면 살이 빠질 줄 알았는데 몸무게는 그대로다. 뱃살도 그대로다. 다음 생이 있다면 태평양을 누비는 거대한 참치로 태어나면 좋겠다. 고품격 고품질의 다랑어로 태어나서 바다를 빠르게 가르면서, 누구보다 훌륭한 대뱃살을 첨벙첨벙 자랑하면서 살고 싶다. 양식장에서 기르는 축양 참치도 나쁘지 않다. 주는 먹이를 잔뜩 먹고 걱정 없이 놀고 싶다. 언젠가는 동원 참치가 될 운명일지라도, 그래도 참치의 삶이 나에게는 잘 어울릴 것이다. 참치로 태어났으면 나도 원빈일 테니까. 몇 번이고 태어나도 원빈 근처에도 못 간다면 그건 그 나름대로 슬픈 일이겠는데, 그러고 보니 원빈은 작품 활동을 오랫동안 하지 않았다. 렉라자맨을 그만두는 게 먼저일지, 원빈의 새 작품을 볼 수 있는 게 이를지 모르겠다. 원빈이 이런 내 마음을 알 리가 없다.

이럴 줄 알았으면 진단받기 전에 마음 편히 술을 더 마셔둘 걸 그랬다. 다행히 마지막 술자리는 좋았다. 용산의 어느 루프탑 맥줏집에서 좋은 햄버거와 함께 수제 맥주를 마셨다. 그때도 컨디션이 좋지 못해 기침을 하고 있었고, 다행히 열은 나지 않았다.

"살 빠지고 기침하니까 시인 이상 같지 않아요?"

"이상보다는 김유정 같은데?"

다들 놀리고 나면 끝이다. 내 말 따위는 들어주지 않는다. 하지만 나는 일행이 좋았다. 마지막 술자리에서도 몸이 좋지 않으니 많이 마시지는 못했다. 일행 중 가장 연장자가, 다음 술

자리는 꼭 건강하게 나오라고, 제대로 마셔보자고 했다. 보름 후에 렉라자맨이 된 것을, 그 사람들에게 알렸다.

렉라자맨이 된 후로 가장 큰 변화가 금주일지도 모른다면…… 육체적으로는 그렇다. 금주한 지 100일이 되었고, 곰과 호랑이도 사람이 될 수 있는 시간이 지났고, 이쯤 되면 나도 참치가 될 수 있을 것 같은데, 수영을 못하니 역시 태평양을 누비는 건 다음 기회를 기약해야겠다. 그렇다고 술을 보면 침이나 눈물을 흘리는 정도는 아니다.

만약, 렉라자맨이 끝나는 것과 떠나는 날 사이의 간격이 있다면, 그때는 꼭 맥주와 소주, 와인과 위스키, 막걸리와 청주를 각각 한 잔씩 마실 것이다. 섭섭하지만 언젠가는 마시게 될 것이다. 섭섭한 시간을 기다릴 수밖에 없다.

26. 화장실

 어떻게 말해도 비루해지는 것이 있다. 달리 부른다고 해서 달라지는 것은 없지만 변소보다는 화장실이 마치 교양 있는 것처럼 느껴진다. 화장실의 잘못은 아니고, 부르는 사람의 문제 같지만 어쩔 수 없다. 품격을 생각하면 화장실 이야기는 굳이 하지 않는 게 좋겠지만 렉라자맨에게는 중요한 문제니 과감하게 정면 승부를 택하기로 한다. 렉라자맨이 되면 화장실을 자주 가게 되기 때문이다.

 문제: 약에게 가장 필요한 것은?
 답: 물

 약을 먹으려면 물이 필요하다. 렉라자의 일반적인 용법은

"충분한 물"과 함께 알약을 삼키는 것이다. 만약 알약을 삼키기 힘든 상태라면 50밀리리터의 물에 타서 마신다. 단, 따로 부수면 안 된다. 물에 넣은 후 잘 젓고 바로 마셔야 한다. 그리고 잔류물이 남지 않도록 50밀리리터의 물을 다시 붓고 재빠르게 넘겨야 한다. 그러니까 렉라자맨으로 살아가기 위해서 꼭 필요한 건 렉라자가 아니라 사실 물인 것이다. 역시 물은 답을 알고 있는 무서운 녀석이다. 대체 지구에서 46억 년이나 살면서 무슨 음모를 꾸미는 것일까. 역시『물은 답을 알고 있다』를 읽었어야 했다. 사람의 70퍼센트는 물로 이루어져 있다는데, 그렇다면 걸어 다니는 사람 중 70퍼센트는 사실 사람이 아니라 사람인 척 위장하며 살아가는 물이라는 사실…… 그럴듯하다. 나부터 물렁물렁, 물이 아닐까 싶을 때가 많았다.

렉라자맨이 되면 화장실을 자주 가게 된다. 렉라자맨에게 필요한 건 렉라자가 전부가 아니기 때문이다. 피부발진 때문에 미노씬을 하루 두 번 먹어야 한다. 미노씬은 먹고 나면 어쩐지 불쾌하지만 어쩔 수 없다. 구내염이 심할 때는 종합비타민도 먹는다. 종합비타민과 구내염의 관계는 분명하지 않지만, 할 수 있는 게 별로 없다. 비타민B가 강화된 종합비타민을 억지로라도 삼킨다. 발열은 어느 정도 해소되었지만 여전히 가끔 열감이 느껴질 때가 있다. 37.4도를 넘으면 타이레놀을 먹는다. 의사는 아픈 것을 굳이 참을 필요가 없다고 했다. 이런 식으로 몇 가지 약이 추가되면 화장실과 한층 친해지게 마련이다.

작은 것을 이야기했으니 큰 것도 털어놓아야겠다. 렉라자맨의 부작용 중 하나는 설사 또는 변비다. 설사와 변비가 모두 부작용이라니 이건 마치 불면증과 기면증을 함께 앓는 셈이다. 물과 불, 음과 양, 태양과 달, 김학찬과 도스토옙스키, 김학찬과 원빈, 역시 모든 것은 짝을 이룬다는 것을 알 수 있다.

다행히 "아직까지" 설사는 없다. 사실 변비보다 겁나는 건 설사다. 변비는 충분한 시간과 정성을 들여 타협을 볼 수 있지만 설사는 마치 자객과 같아서 방도를 철저히 해도 뾰족한 수가 없다. 식은땀을 흘리는 수밖에. 가끔 찾아오는 변비는, 자존감을 깎아먹고 있다. 하루 한 번 정해진 시간에 화장실을 가는 일에 남모를 자부심을 갖고 있던 나로서는, 그나마 할 줄 아는 것 하나를 잃어버린 셈이다. 물론 남들보다 화장실 문제에 뛰어나다고 할 정도는 아니다. 나는 집밖에서는 큰일을 해결하지 못한다. 그런 주제에 외출하면 작은 일은 유난히 자주 본다.

식이섬유를 필요 이상으로 섭취했다. 냉동 브로콜리와 당근, 양배추를 잔뜩 먹었더니 이때까지 한 번도 보지 못한 녀석을 마주해야 했다. 아침을 요구르트로 대신해보기도 했는데, 오래가지는 않았다. 미노씬이 유제품과 상극이기 때문이다.

결국 할 수 있는 방법은 평소 충분한 물을 자주 마시는 것인데, 돌고 돌아 결국 물이 해결책이며, 동시에 난관이다. 작은 일을 더 자주 마주해야만 한다. 역시 물은 답을 알고 있다. 내가 답을 모를 뿐이다.

27. 독서

예전과는 다른 삶을 살아야 한다, 고 하는데 근본을 바꾸기는 어렵다. 평소에도 바꾸지 못했던 근본을 바꾸기에 렉라자맨은 약하다. 근본이란 무엇인가, 어떻게 삶은 달라질 수 있는가를 고민하다보니 고민만으로는 답을 찾기 어려웠다. 책은 읽지 않겠다고 다짐했지만 이럴 때 스멀스멀 손이 가는 것마저 막지는 못한다. 책에는 분명 답이 없지만, 답처럼 보이는 힌트는 있으니까.

나는 "태도"에 대한 책은 읽지 않는다. 책으로 태도를 바꾸는 것은, 책으로 요가나 필라테스 동작을 익혀 자세를 교정하는 것처럼 보인다. 읽어서 될 게 있고, 별 소용 없는 게 있는데, 태도와 관련된 것은 대부분 후자다. 몰라서 바꾸지 못하는 게 아니다. 그럭저럭 살아가는 데 필요한 기본 원리는 초등학생 때 다 배운다. 다만 따르지 않고, 따르고 싶지 않을 뿐이다. 직접적으로 태도를 가르치려는 책은 지루하기도 하다.

렉라자맨이 되고 40일가량은 어떤 책도 읽지 않았다. 바빠서 읽을 시간이 없었다. 무엇보다 체중을 "회복"할 필요가 있었다. 물론 체중 회복이 정말로 바람직한가에 대해서는 지금도 의심이 든다. 네이버 BMI 기준에 따르면 체중 회복은 곧 과체중이니까. BMI 기준은 납득할 수가 없는데, 나이까지 반영한 통계적 산출이라고 하니 도저히 반박할 수가 없다. 렉라자맨이 된 얼굴은, 20대의 가장 아름다웠던 모습처럼 보이기도 했다. 언젠가는 입을 수 있으리라는 헛된 소망으로 버리지 못했던 바지 허리가 수월하게 맞았다. 복고가 유행이라 20년 전에 샀던 바지가 그리 이상해 보이지도 않았다. 역시 주식이든 바지든 버티는 자에게 승리의 기회가 있다.

아침에 일어나면 어마어마한 양의 샐러드를 먹었다. 코끼리도 이것보다는 소식할 것 같다. 지금은 더이상 샐러드를 먹지 않는다. 샐러드를 바라보기만 해도 슬퍼진다. 점심도 듬뿍 먹었다. "영양"이라는 단어가 어울릴 정도로 먹었다. 오후 다섯시 삼십분 전까지 저녁 식사를 끝냈다. 어쩐지 복용 전 한 시간 정도는 위를 비워둬야 할 것 같았는데, 의학적으로는 아무

상관이 없다. 저녁을 먹고 나면 하루 동안 먹었던 것을 커다란 식단표에 기록하고 몸무게와 체온을 측정했다. 렉라자맨이 된 초기에는 열이 떨어지지 않았기 때문에 체온에도 신경을 많이 썼다. 신경을 쓴다고 올라간 체온이 떨어지는 것은 아니지만, 최소한의 성의랄까, 그런 것을 보이기 위해 노력해야 될 것 같았다. 어렸을 때부터 따끈따끈한 인간이라 그런지, 37.0도 정도가 "최선"이었다.

"최선"이 되자 책을 읽을 시간이 났다. 더이상 책을 읽어서 뭐 하냐는, 무의미의 덫에 걸리기도 했다. 비싼 밥 먹어서 뭐 하나, 아는 사람 만나서 뭐 하나, 또 술 마셔서 뭐 하나. 이 마수에 따르면 모든 것이 무의미하다. 무의미의 덫이 무서운 이유는, "뭐 하나"가 사실이기 때문이다. "뭐 하나"를 부정하기 어렵다. 렉라자맨에게는 평생 싸워야 할 질문이다. 하루에도 몇 번씩 생각나는 질문이며, 지금 이 순간에도 떨치기 힘든 물음이다. 부정할 수 없으면서도 "뭐 하나"에서 벗어나야 한다.

철학적인 의문을 이기는 것은 무료함이다. 무료함은 모든 것을 이긴다. 심심하기 때문에 다시 책을 읽을 수밖에 없었다. 시간을 보낼 줄 아는 방법이 고작 책이라니 잠깐 아득해졌지만, 책의 유혹, 특히 서사의 유혹에서 결국 벗어나지 못했다. 원시인들도 동굴에서 다른 사람이 오늘 사냥하다가 죽을 뻔한 이야기를 들으며 안도의 한숨을 내쉬고 잠자리에 들었을 것이다. 다른 사람들이 살아 있는 이야기를 읽을 때에는 최소한 무료함을, 죽음의 두려움을 버텨낼 수 있다. 지금의 나로서는 읽는 순간이 잊는 순간이다. 잊기 위해서는 훌륭한 소설이 필요하다. 몰입하기 어려운 적당한 소설로는 부족하다.

사실, 하루키의 신작이 나와서 참을 수가 없었다. 하루키의 신작은 가만히 집에만 있어도 출간 소식을 알게 된다. 다섯시 뉴스에서도 하루키의 신간 소식을 들을 수 있다. 하루키가 일본인이 아니었다면 아홉시 뉴스에서도 볼 수 있겠지만, 아무래도 그때까지 살아 있기는 힘들 것 같다.

『도시와 그 불확실한 벽』에서는 노년이 된 하루키가 그려졌다. 이 소설의 뼈대가 되는 작품은 40년 전에, 하루키가 소설가가 된 초반에 발표된 작품이고, 그것을 기반으로 쓴 소설이 『세계의 끝과 하드보일드 원더랜드』였는데, 다시 쓴 소설인 이번 소설은……『도시와 그 불확실한 벽』을 읽으면서 『세계의 끝과 하드보일드 원더랜드』를 읽지 않았다는 사실을 깨닫고 잠시 망설였다. 지금이라도 전편을 보고 올 것인가, 후속작부터 읽고 다시 거슬러올라갈 것인가.

하루키스트라고 자처했는데 의외로 구멍이 나는 경우가 있다. 나는 좋아하기는 하되 맹렬하게 빠져드는 편은 아니다. 좋아하는 작가나 음악가의 기본적인 정보조차, 가령 성별조차 모르는 경우도 많다. 좋아하는 작가가 워낙 많으니 어쩔 수 없다고 해두자.『로빈슨 크루소』를 보면 무인도에 표류한 로빈슨이 절대 보충할 수 없는 것들, 예를 들면 탄약 같은 것을 소중히 다루는 장면이 있다. 좋아하는 작가의 작품은 탄약 또는 일종의 비상식량으로 아껴둬야 한다(결코 질투심 때문이 아니다). 다행히 하루키는 부지런히 작품을 썼고, 다작을 했지만, 그래도 다 떨어지고 나면 다시 보충할 방법이 없다. 내가 부탁한다고 하루키가 소설을 더 써줄 리도 만무하다(나는 일본어를 못하니까). 하루키에게 소설을 써달라고 부탁하느니 다른 좋은 소설가를 찾는 편이 낫다. 무엇보다 로빈슨은 탄약 대신 덫을 만들어서 사냥을 했다. 그러니까, 직접 소설을 쓰는 편이 낫다.

하지만 소설을 쓸 마음은 들지 않으니『세계의 끝과 하드보일드 원더랜드』를 읽었다.『세계의 끝과 하드보일드 원더랜드』를 읽는 일주일 동안은 렉라자맨이 된 것이 그리 서글프지만은 않았다. 무료함은 이겼으나 책을 더 늘리는 건 바람직하지 않아 사두고 읽지 않았던 모옌의『개구리』를 찾았다. 3부까지 읽자 슬퍼서 원래 자리에 꽂아두었다.『개구리』는 마지막까지 읽어낼 수 없으리라는 예감이 든다. 일본 작가, 중국 작가를 읽었으니 그다음은 한국 작가 차례가 되어야 할 것 같다. 어쩔 수 없다. 한국 작가를 읽어야 한다면 내 소설을 다시 읽는 수밖에.

28. 중간고사

렉라자맨이 아니었다면, 지금은 중간고사 기간에 해당한다. 선생님에게 중간고사 기간은 달콤한 휴식이다……라는 건 학생 때의 착각이었다. 중간고사라고 휴강을 할 수도 없다. 굳이 중간고사가 필요 없는 교과목이라도 중간고사를 그냥 넘긴다는 건 모종의 도박과 같다. 학교에 따라 다르지만 이유 여하를 막론하고 중간고사를 반드시 볼 것이라고 안내하는 경우도 있기 때문이다. 리포트 대체는 안 되나요? 안 됩니다. 무조건 중간고사를 보세요라는 대학도 있다. 여러 대학을 출강하다보면 뭔가 내가 알고 있는 상식이나 평가의 기준과 해당 학교가 생각하는 그것의 차이를 느끼게 된다. 항의하거나 질문하느니 잠자코 따르는 쪽이 편하다는 걸 당연하게 받아들이는 자신이 슬프다. 아주 잠깐이지만.

중간고사는 대체로 리포트 대체를 하는 편이었다. 물론 문학도 얼마든지 훌륭하게 시험을 치고 평가할 수 있다. 그냥 자신의 생각을 적어내는 게 문학의 방식은 아니니까. 문학의 답안지에도 논리가 있고 설득력이 있다. 요는 하나만 정답은 아니라는 데 있고, 대학 수업은 1등만 가릴 필요는 없다는 데 있다. 충분한 답안을 쓴 학생들을 A로 평가하는 것은 어렵지도 않고 부정확하지도 않다. 물론 열심히 읽고 학생들의 답안에 질문을 던지며 타당한 근거를 쌓아가야 하지만.

채점은 힘들다. 강의는 하루는 잘할 수도 있고 망칠 수도 있다. 매 강의가 훌륭할 수는 없다. 무엇보다 강의는 휘발성이 있다. 좋은 강의에 감동을 받은 학생들도 점심시간이면 그 기분을 잃기 마련이고, 재미없어서 꾸벅꾸벅 존 학생도 다음날이면 무슨 수업을 들었는지조차 잊는다. 휘발성이야말로 강의의 미덕이다.

반면 리포트를 받거나 시험을 치면 뭔가가 남는다. 남는 것은 "처리"해야 한다. 우선 채점을 해야 한다. 리포트를 모두 모으면 책 몇 권 분량이다. 절대적인 물리적 시간이 든다. 시험의 경우 가장 중요한 건 "해독"이다. 글씨를 못 쓰는 학생이 불이익을 받지 않기 위해—사실 내가 못 쓰기 때문이다. 내 글씨를 내가 읽지 못한다. 글씨라기보다는 문양에 가깝다—끈기 있게 하나하나 살펴본다. 가끔은 돋보기로 살펴보기도 한다. 휘발과 처리 중 하나를 택한다면, 휘발이 낫다.

하지만 처리를 선택한다. 리포트나 시험은 뭔가를 남겨주니까. 리포트를 쓴 학생은 정해진 텍스트와 어떤 방식으로든 싸워내야 한다. 천천히 읽거나, 자신의 의견을 쓰고 다시 반박하거나, 친구에게 물어보거나, 어떻게든 싸워내지 않으면 리포트를 쓸 수 없다. 남겨둔 경험이 쌓이고 쌓여서 글을 바꾸고 생각을 변화시킨다. 안목을 기르고 작품을 사랑할 수 있게 된다. 그러려면 처리를 선택하는 수밖에 없다. 사실 가장 편한 것은 휴강이지만. 소심하기 때문에 휴강 한번 하지 못했다. 휴강도, 나쁜 경험은 아닌데.

물론 수업을 열심히 듣는 건 중요하지만—이런 식으로 전제하고 말하는 것을 질색하면서도 하지 않을 수가 없다—한두 번 수업을 빠진다고 해서 큰일이 일어나지는 않는다. 대학생이라면 때때로 억지로 앉아만 있는 수업 한 번보다 더 필요한 일이 생기는 법이다. 친구의 입대일 수도 있고, 누군가의 이별일 수도 있고, 멍하니 누워서 하늘을 바라보는 것일 수도 있다. 그냥 이유 없이 강의를 듣기 싫다거나, 강의실 공기가 마음에 들지 않는 것일 수도 있다. 그렇다면 그냥 그렇게 해도 된다. 한 학기에 한 번쯤은.

이렇게 말해도 대학생들은 선택을 주저한다. 혹시 모를 불이익이 걱정된다. 과감하게, 한 학기에 한 번 결석은 인정하겠다고 했다. 지각 한 번, 결석 한 번에 각종 증명서를 제출하는 일을 줄이고 싶었다. 지하철 연착과 관련된 증명서를 발급받아 오고, 단순 감기조차 되지 않는 병원 증명서를 굳이 수업 시간이 지난 후에 받아 오는 일을 줄이고 싶었다. 하지만 한 학기 이후 내가 틀렸다는 걸 인정할 수밖에 없었다. 학생들은 두번째 결석부터 증명서를 꼬박꼬박 가져왔기 때문이다.

29. 손톱

렉라자맨의 예방적 관리 지침에 손발톱을 바짝 깎지 말라는 안내가 있었다. 처음에는 갑자기 손톱이라니, 다소 생뚱맞은 안내라고 생각했는데 역시 현대의학은 위대했다. 부작용은 손톱 끝까지 놓치지 않았던 것이다. 거봐, 내가 뭐랬어. 병원의 안내와 경고가 대체로 맞아떨어진다는 사실은 신기하고도 기운 빠지게 만든다. 평균에서 벗어나기 위해, 보통과 조금이라도 다르기 위해 발버둥치지만 거대한 통계는 호락호락하지 않다. 그럼에도 불구하고 부디 렉라자맨으로서의 삶은 통계의 통제를 벗어나기를 바란다. 물론 긍정적인 쪽으로 말이다.

혈액순환이 잘되는 편인지, 나는 항상 몸이 따끈따끈했다. 나는 여름에는 인기가 없고, 가을과 겨울이 되면 "성수기"가

된다. 손을 잡고 있는 것만으로도 상대방을 따뜻하게 만들어 줄 수 있을 정도다. 다시 따뜻해지는 봄이 되면 슬그머니 밀려나지만 그래도 두 계절 정도는 사랑받을 수 있다. 손발이 저리기 시작하면서, 어쩐지 쌀쌀해졌지만 발열이 되지 않는 것 같다. 발열이 되지 않으면서, 손끝 발끝이 찌릿해지고 있다.

사흘이 지나자 손끝 발끝이 저린다는 것을 알게 되었다. 렉라자맨들에게는 흔한 통증이다. 셋 중 하나는 겪는다고 한다. 심하게 저린 경우 투약 용량을 2/3로 낮추거나 렉라자맨을 잠시 탈퇴할 정도라고 한다. 용량을 낮춘다고 해도 항암 효과가 크게 떨어지는 것은 아니라는 사실이 아이러니하다. 줄인 만큼 효과가 떨어지지 않음에도 불구하고 최대한으로 먹어둬야 한다니, 조금이라도 최선을 다해야 하는 것인가. 확실한 편을 향해야 한다는 것인가.

손발이 저리다는 게 어떤 느낌인지는 경험하고 있지만 치료를 중단하거나 포기할 정도로 저린 느낌이 아직은 상상조차 가지 않는다. 어렸을 때 하던 장난으로, 손목을 꽉 잡아 손에 피가 통하지 않게 한 후 천천히 놔주면 손바닥이 찌릿찌릿하던 느낌을 다섯 배쯤 증폭하면 내가 느끼는 저릿함일 것이다. 처음에는 팔이나 목이 결린다, 도 아니고 손끝이 저린다는 건 무슨 뜻일까 싶었다. 손발톱 스무 곳을 모두 바짝 잘랐을 때의 느낌과 비슷한데, 손발톱을 짧게 자른 경우에는 가만히 있으면 별다른 느낌이 없지만 렉라자맨의 경우 별다른 움직임 없이도 비슷한 느낌이 난다. 흑흑, 꼼짝없이 아무것도 하지 않고 휴대전화만 보고 놀아야겠다. 도움이 될지는 모르겠지만 족욕을 시작했다. 따뜻한 물 두 병만 있으면 되니 크게 돈도 들지 않는다.

확실히 예전보다 손발톱을 바짝 깎으면 아프다. 더 잘 갈라지고, 쉽게 깨지기도 한다. 양쪽 끝에 부스러기 같은 것들도 조금 더 일어난다. 건조한 가을 날씨 때문만은 아닌 것 같다. 갈라진 부분이 이불이나 수건에 걸린다. 자다가 이불에 손톱 끝이 걸리면 머리카락이 쭈뼛 선다. 그럴 때마다 잘라내는 건 결국 손발톱이다. 조심스러우면서도 동시에 단호하게 갈라진 손톱 끝을 살짝 잘라낸다.

자르고 있다보면 폐 생각이 난다. 수술을 받을 수 있으면 좋겠다. 렉라자맨들의 소원은 아이러니하게도 절제 수술을 받는 것이다. 렉라자의 도움으로 암세포가 줄어들고, 어느 날 의사가 깜빡 잊었다는 듯이 "수술을 해볼 수도 있을 것 같네요"라고 말해준다면 엉엉 눈물을 흘릴지도 모르겠다. 엉엉. 하지만 통계적으로 이런 경우는 희박한 모양이다.

손톱 다듬는 법을 배웠다. 자르기 대신 천천히 갈아내고 있다. 손톱 갈아내기 의식을 치르는 것 같다. 다행히 손톱도 머리카락도 평균보다 조금 더 빨리 자라는 편이라 배우기 어렵지는 않았다. 손재주가 없어서 예쁘게 갈아내지는 못하지만. 손발톱 정리라는 지극히 어렸을 때 배우고 평생 쓰는 기술을 다시 배우고 있다.

손톱을 다듬다보면 할아버지에게 혼났던, 밤에 손톱 깎지 말라는 이야기가 떠오른다. 쥐가 훔쳐 먹고 모습을 가져간다고 했다. 할아버지는 이런 식의 이야기에 꽤 예민한 편이라 반드시 낮에 손톱을 잘랐는데, 밤에 자르면 그만큼 어두워서 잘못 자를 위험이 있기 때문에 생긴 민담이 아닌가 싶다. 물론 억울하긴 했다. 할아버지 집에서 쥐는, 낮에도 나왔기 때문이다.

잘 보면 쥐도 귀여운 구석이 있다. 꼬리가 짧은 녀석들에 한해서지만…… 쥐가 나 대신 일도 하고 병원도 다녀주면 좋겠다. 좋은 친구가 될 수 있는 쥐가 하나쯤은 있지 않을까. 미키마우스나 라따뚜이, 우리는 은근히 쥐를 사랑하니까. 품안에 쏙 안을 수도 있고 호주머니에 넣어도 충분하다. 역시 문제는 꼬리 길이 같은데, 꼬리는 쥐의 정체성이고 개성이니까 존중해주기로 해야겠다.

언제까지 허리를 구부리고 손톱 끝을 응시할 수 있을까. 언제까지 손톱이 자랄까. 무덤에서도 손톱은 자란다던데. 역시 쥐가 필요하겠다. 쥐는 무덤 속을 드나들기도 편리하고, 내 손톱을 훔쳐 먹고 내 모습을 갖는다면 사람들은 사흘 만에 부활했다고…… 그래, 괜히 자축인묘진사오미에서 쥐가 제일 먼저인 게 아니지, 쥐는 사실 위대해…… 아니다. 손톱 생각과 쥐 생각은 그만해야 할 텐데. 그런데 일주일이 지나고, 다시 손톱을 깎는 날이 되면 쥐 생각을 반복한다.

또 일주일을 더 살았다. 일주일은 늘 금방 지나가는 것 같다. 겨우 손톱을 자르는 것뿐인데, 오 분도 걸리지 않는 일인데 자꾸 뭔가를 생각할까. 그리고 손톱을 자를 때 드는 생각은 대부분 이상한 것들뿐일까. 렉라자맨이 되기 전에도 쓸데없는 생각은 많이 했으니까, 나는 오히려 항상성을 잘 유지하고 있는지도 모른다. 갑자기 문득 쥐가 나오면, 천장에서 얏, 하고 소리쳐 나를 부른다거나, 말없이 물끄러미 쥐가 바라보고 있다면, 마치 뭔가를 기다리듯이……

"안녕" 하고 인사를 해야겠다. 그리고 깎은 손톱을 내주며 잘 부탁한다고 말해줘야겠다.

30. 운전

 서른여덟 살에 운전면허를 마침내 땄다. 세 번 떨어지고 시험장에는 다섯 번 갔다. 물론 사나이라면 2종 자동이다. 혹시라도 내가 큰 차를 몰 일이 생긴다면, 그건 주변 모든 사람들에게 심각한 재난이 닥쳤다는 뜻이다. 모두의 안녕을 위해서라도 위기 상황을 대범하게 넘기는 사람이 분명 있기를 기도한다.

 "걷는 것을 좋아합니다. 가능하면, 이산화탄소 배출도 줄이고 싶어요."

 사실 면허를 따도 소용이 없는 삶을 살았다. 소설을 쓰기로 결심한다는 건 그런 것이니까. 계절마다 청탁을 받는 소설가는 극소수에 불과하고, 원고료를 가장 많이 주는 곳도 한 달 최저생활비에도 미치지 못한다. 장편소설 계약금은 대부분 100만 원인데, 당연히 "계약"이 될 경우다. 경제활동을 원고료에 의지한다는 생각은 깔끔하게 접고, 대신 부지런히 아르바이트를 뛰어야 한다. 게으른 소설가는 존재할 수 없다. 떠났거나, 죽었으니까.

보험료, 세금, 가만히 보고만 있어도 감가되는 차 값을 감당할 수 없었다. 1년에 한 번 엔진오일을 교환하기 위해서는 몇 장의 원고지가 필요할까? 왜 운전을 하지 않냐는 질문에 나는 당당하게 현대차와 톨스토이를 등가교환 했다고 대답했다. 이왕이면 현대차가 아니라 벤츠나 롤스로이스와 바꿔 오면 좋겠다. 아니다. 현대차가 기분 나빠할지도 모른다.

나이 핑계를 대면 명예롭게 면허 시험에서 떨어질 수 있다. 나이가 들어 어쩔 수 없는 건 살아 있는 생명이라면 모두가 엄숙하게 동의할 수밖에 없는 자연현상이니까. 물론 나이 핑계 대지 말라고 비웃는 사람들도 많았다. 시험에 떨어질 때마다 웃으며 상황을 자세히 설명해보라던 친구들이 있었다.

첫번째 시험은 편안했다. 까짓거 떨어지면 또 치면 되니까. 한 번에 붙는 것보다 한 번 떨어진 사람이 안전운전 한다는 말도 있잖아. 다음 시험을 반년이나 1년씩 기다려야 하는 다른 시험과 달리, 운전면허 시험은 며칠만 기다리면 또 볼 수 있다는 점도 마음에 들었다. 그런 마음으로 임했으니 감점이 차곡차곡 쌓여 탈락할 수밖에 없었다. 잘하고 있는데, 거의 다 끝나가는데 내리라고 했다. 주차까지 마쳤지만 다시 빠져나오는데 선을 밟았다.

문제는 두번째 시험이었다. 두번째 시험에서는 어이없게, 시작하자마자 좌회전을 할 때 반대쪽—그러니까 역주행이다—차선으로 쏘옥 들어가버렸다. 얼마나 자연스러웠는지 좌회전 차선으로 들어가고 나서도 잠깐 상황을 파악하지 못했다. 여기는 길이 왜 이렇게 되어 있지? 시험장은 일방통행인가? 교차로를 2차선 일방통행으로 만들어놓다니 어쩐지 어색한데? 다행히 시험 중이라 주변에 다른 차는 없었다. 역주행은 바로 실격이 마땅했다.

충격이 컸다. 언젠가 내가 과거에 쓴 소설이 역주행해서 베스트셀러가 되는 망상은 자주 하지만, 제발 그 역주행이 내가 죽기 전에 일어나면 좋겠다고 생각하지만, 운전대를 잡고 역주행을 할지도 몰랐다. 그동안 믿고 있던 모든 세계가 무너져내렸다. 나는 운전을 하면 안 될 사람이 아닐까. 실제 운전을 하다가 갑자기 반대쪽 차선이 나를 유혹하면 어쩌지. 세이렌의 노래를 멍하니 들었던 그리스 뱃사람들처럼, 나도 천천히 반대쪽으로 아아아아아.

급격하게 의기소침해졌다. 친구들은 한 번 더 시험 치면 된다고 했지만 나는 추가 교육을 신청했다. 반드시 바로잡아야 하는 문제다. 물론 추가 교육에는 돈이 들었고, 그래서 친구들은 그 돈으로 시험이나 더 보라고 했지만. 추가 교육을 접수하면서 조금 더 꼼꼼한 선생님으로 부탁했다. 장내 시험 전까지 두 명의 선생님을 거쳤는데, 첫번째 선생님은 정치 이야기로 두 시간을 떠들어서 도저히 집중할 수가 없었다. 심지어 발음이 정확하지 않아서 선생님이 어느 정당을 지지하는지, 어떤 정치인을 비판하고 있는지 도무지 판단할 수가 없었다. 두번째 선생님은 휴대전화만 보고 있었다. 나라면 나 같은 사람이 운전하는 차에 앉아 있으면서 휴대전화를 볼 엄두는 나지 않을 것 같다. 대범한 것인지 장내 주행이라 밟아봐도 시속 20킬로미터를 넘기 어려워서 그런 것인지는 모르겠다. 휴대전화로 고스톱만 치지 않았어도 혹시 바쁜 일이 있나, 이해해줄 수 있지만 내가 브레이크를 밟을 때마다 "아싸 고도리!" 소리가 울렸다.

원래 성적에 불만이 있는 학생은 스스로를 돌아보기보다 가르친 사람 탓을 먼저 하는 법이다. 각별히 부탁드린 운전면허 선생님은 나보다 대여섯 살 많아 보이는 중년의 남성이었고 처음부터 꼼꼼하게 설명해주기 시작했다. 물론 운전면허 선생님도 역주행 호소는 가볍게 무시하고 주차나 바로 하라고 다그쳤지만. "운전면허가 없어도 사는 데 크게 지장은 없어요."

삶은 되돌아갈 수 없다. 아니, 되돌아가도 되긴 하는데, 역주행을 해서는 안 된다.

추가 교육 덕분인지, 장내 시험을 마침내 통과했다. 남은 것은 도로 주행. 의외로 도로 주행은 한 번밖에 떨어지지 않았다. 나는 노원구에서 시험을 쳤는데, 노원구는 아파트촌이라 길이 다 비슷비슷하다. A, B, C, D 경로가 방향만 다르고 크게 차이 나지 않는다. 그러니까 유턴을 해야 되는 지점을 착각해서 미리 좌회전 포켓차로에 들어갔다가, 잘못된 것을 깨닫고 빠져나오려고 했지만 신호가 바뀌는 바람에 떨어졌다.

마침내 합격했던 날은 비가 내렸다. 괜찮아, 운전할 때나 삶에나 비는 내리는 법이니까. 운전면허를 따면서 삶을 지극하게 통찰하기 시작한 지 오래되었다.

"합격입니다."

"감사합니다! 감사합니다!"

"그런데 사장님, 꼭 연수받고 운전하세요. 진심입니다. 제발요."

사장은 아니지만…… 내가 어디를 봐서 사장같이 생겼을까…… 진심은 통하는 법이다. 나는 연수를 성실하게 받았다.

운전면허를 딴 지 18개월 만에 렉라자맨이 되었다. 처음에는, 간신히 운전을 하게 되었는데 렉라자맨이라니! 이럴 거면 스트레스 받지 말고 하던 대로 버스를 타고 다닐걸 싶었다. 그런데 아니었다. 렉라자맨이 되고 한 달이 지나자, 운전면허가 없었으면 뭘 하고 시간을 보냈을까 싶었다. 각별한 취미가 없는 편이라 애착을 가질 수 있는 대상이 별로 없었다. 특별히 아끼고 싶은 것도, 스스로를 투영할 만한 것도 없었는데, 그래도 차는 여러 면에서 '나'를 생각할 수 있게 하는 대상이었다. 괜히 많은 사람들이 차에 감정이입을 하고 차를 떠나보내면서는 울기도 하는 게 아니다(물론 새 차가 오면 오 분 만에 헌 차 생각은 사라진다고 한다). 직접 세차도 하고(물론 렉라자맨이 되고 나서는 한 번 갔지만) 엔진오일도 갈고(역시 한 번 갔지만) 이것저것 차에 신경을 쓰는 게 즐거운 일이 될 수 있었다. 렉라자맨이 되기 전까지 운전은 하기 싫고 피곤한 일이었는데. 렉라자맨이 되고 나서 마음가짐이 바뀐 것은 거의 없지만(바뀌었는데 나만 모를 수도 있다) 유일하게 분명하게 달라진 마음은 운전이다.

면허 덕분에, 렉라자맨으로 어디로든 다닐 수 있다. 역시 사람은 면허를 따야 한다.

31. 샤워

 하루 중 가장 정신이 투명해지는 순간은 씻을 때다. 샤워할 때 만큼은 세상에 오직 나만 있는 것 같다. 한 평 남짓한 폐쇄된 공간, 아무것도 걸치지 않은 원시적인 상태(원시인들은 내가 너보다는 패션 감각이 있다고 웃을지 모르겠다), 오직 샤샤샤 물소리만 들리는 시간이다. 특히 머리를 감을 때 눈까지 꼭 감으면 외로울 정도로 나만 존재하는 것 같다. 라디오나 음악을 틀어놓고 씻어본 적도 있지만, 귀 가까이 떨어지는 물소리 때문에 어떤 음악도 들리지 않았다. 물소리를 이기려면 아주 큰 소리가 필요한데 지나친 음량은 마음부터 지치게 만든다.

 사람마다 씻는 행동은 일정하게 형성되어 있다. 머리부터 적실 것인지 발끝부터 씻을 것인지, 어디까지나 습관과 취향의 문제다. 나는 조금 뜨거운 물로 맞춘 다음 아아아 입을 벌리고 머리를 적신다. 샴푸는 한 번 꾹 누르고 손바닥에 비빈다. 머리를 감고 비누칠을 한 다음 마지막으로 세수를 한다. 샤워에는 아무 생각이 필요 없어서 좋다. 자면서도 샤워는 자신 있게 할 수 있을 것만 같다. 문제는 그래서 샤워할 때는 가장 위험하다. 무념무상이어야 하는데 유념유상이 되기 쉽다. 남는 정신이, 뭔가를 자꾸만 불러온다.

유념유상 세계의 첫번째 질문은, 렉라자맨은 과연 무엇을 해야 하는가로 이어진다. 매일같이 같은 생각을 한다. 렉라자맨은, 렉라자맨은, 무엇을, 무엇을, 하는가, 하는가. 몸 상태에 대한 확신이 없고 자꾸만 자신이 없어진다. 팔에 발진이 생긴 걸 볼 때면 아무것도 할 수 없다는 생각이 들었다가, 아직 전신으로 번지지는 않았다는 사실에 안도하기도 한다. 발진은 숨바꼭질을 하듯 갑자기 나타났다 사라진다. 언제 어디서 어떻게 나타날지 예측이 되지 않는다. 답이 있을 수 없는 질문으로 빠져드는 것은 위험하다.

두번째 질문은, 이 세계에서 렉라자맨이 할 일을 아직 알지 못한다면, 오늘은 무엇을 할 것인가. 쉬운 문제부터 풀어보려는 것이다. 두번째 질문은 아침 아홉시에 할 때도 있고 오후 여섯시에 할 때도 있다. 저녁에 씻으면 질문의 세부 사항이 조금

달라진다. 자기 전까지 무엇을 할 것인가. 한 시간 후에 렉라자를 챙겨먹고 책을 조금 읽다가 아홉시 뉴스를 보고 열시쯤 잘 준비를 시작하면 된다. 오늘 하루는 무엇을 한 것일까. 할말이 없는 날이 많다. 두번째 질문을 만만히 봐서는 안 된다.

세번째 질문은 가장 중요하다. 무엇을 쓸 것인가. "샤워"라는 주제도 샤워를 하면서 떠올렸다. 매일 쓰는 『투암기』의 내용은 주로 샤워를 하면서 결정한다. 샤워가 곧 영감이고 창작이다. 씻지 않은 날은 쓸 것도 없다. 오로지 한 가지 생각에만 유념유상할 수 있는 샤워 시간에 모든 계획이 이루어진다.

머리카락을 문지르면 생각이 퐁퐁 떠오른다. 가끔은 떠오른 생각을 바로 적어두지 못해 급하게 샤워를 마치고 나오기도 한다. 종아리에 흘러내리는 거품을 수건으로 적당히 닦고 재빨리 종이나 휴대전화에 메모를 남겨둔다. 간단한 생각 정도는 샤워를 하면서 기억할 수 있지만 정말 괜찮은 아이디어는 적어두지 않으면 안 된다. 아이디어가 다른 생각의 더미에 섞여 오염된다. 한번 왔다 간 아이디어는, 언젠가 돌아오기는 하지만 그게 언제일지는 아무도 모른다. 학생들에게는 영감에 의존하려 들거나 아이디어에 집착하지 말라고 가르쳤다. 영감은 의외로 별것이 아니다, 정말 중요한 생각은 다시 찾아오기 마련이다, 우선 자리에 앉아서 써라, 무엇을 쓸 것인가가 아니라 왜 쓰는지를 생각하라고 말했다. 하지만 다시 찾아올 영감을 기다릴 시간이 얼마나 남았는지 알 수 없다. 찾아온 영감은 재빨리 묶어둬야만 한다. 다시 가르칠 기회가 있다면, 생각이 떠오르지 않으면 무작정 샤워부터 하라고 알려줘야겠다. 깨끗해서 나쁠 것도 없으니까.

스스로를 "가을 전어"라고 불렀다. 좋아할 만한 글들이 대체로 가을이나 초겨울에 발표되었기 때문이다. 처음으로 소설로 돈을 벌어본 경험도, 소설이 활자화된 경험도, 등단마저도 모두 가을에 이루어졌다. 여름에 부지런히 글을 쓴 것인데, 하루에도 두 번은 씻어야 하는 날씨 덕분이 아닌가 싶다. 가을이 되면 어쩐지 신기한 일이 일어날 것 같아 두근거렸는데, 이제 좋은 일을 기대하기는 어렵게 되었다. 무슨 일이 일어나야 "좋다"는 느낌을 다시 경험할지 모르겠다.

유념유상의 상당수는 부정적이다―부정적으로 생각하니까 소설을 쓸 수 있는 것이기도 하다. 긍정적이거나 아름다운 것을 말하는 데는 많은 언어가 필요하지 않으니까. 투덜거릴 때는 말이 길어진다. 씻지 않으면 조금 더 긍정적인 생활이 가능할까, 하지만 할 수 있는 데까지는 깨끗하게 지내야 한다. 이건 렉라자맨의 존엄의 문제다.

영화처럼 목욕탕에 몸을 담그고 글을 쓰는 것도 시도해봤다. 거품 속에서, 음료를 마시며 글을 쓰는 일은 힘겨웠다. 더운 것을 견디지 못하기 때문에 나와서 꾸엑 토했다. 얼음이 잔뜩 들어간 음료수를 챙겨보기도 하고, 문을 열어놓고 목욕을 하기도 하고, 다양한 시도를 해봤지만 어지러운 것만은 버틸 수 없었다. 목욕을 할 때는 목욕에만 집중해야겠다. 동시에 두세 가지 일을 해야 할 만큼 바쁜 삶은 이제 없다. 아니다. 샤워와는 어울리고 목욕과는 친해지기 어려운 운명을 받아들이자.

32. 통증

아픈 것을 말하지 않게 된다. 괜찮다고, 건강하다고 믿고 싶어지는 마음이 있다. 생각보다 나빠지지 않았다고, 그럭저럭하다고 "생각하고" 싶어진다. 몸이 어떻냐고 물으면 렉라자맨들은 실제 통증보다 줄여서 말하거나 아예 입을 다문다고 한다. 아프다라고 말하는 순간 확인되는 현실, 말 때문에 더 나빠질지도 모른다는 불안, 무엇보다 정확하게 나쁜 것이 무엇인지 모호하다는 문제가 있다. 30센티미터짜리 통증을 측정할 수 있는 자가 있는 것도 아니고, 몸의 변화를 잡아내기는 난감하다. 건강하더라도 알기 어려운 것을 둔감한 상태의 렉라자맨은 더 알아차리지 못한다. 다만 뭔가 이상하거나 나빠져 있을 뿐이다.

통증은 설명하기도 어렵다. 모두가 아는 통증은 말하기 쉽다. 치통이라는 건, 치통이라는 글자 하나로 대부분 설명할 수 있다. 복통은 치통보다는 난도가 있는 것 같다. 배가 아픈 건 상당히 막연한 증상처럼 보이기 때문이다. 병원 영수증에다가 설명이 쉬운 통증과 어려운 통증을 나눠서 적어본다. 두통은 그래도 설명이 쉬운 편, 목이 아픈 것도 말할 수 있는 편, 어딘가 결리는 느낌은 어디가 결리는지도 정확하게 모르겠다 싶다. 대부분의 통증은 사실 설명이 어려운 것 같다.

여전하다고 상상한다. 아직까지는 크게 나빠지지 않았다고 생각한다. 부작용에 대한 문서들을 읽으며 어떤 일이 일어나는가에 대해 준비하고 있지만 그럼에도 불구하고 아직은 아니라고 생각한다. 하지만 일주일이 지나고 열흘이 넘으면 뭔가 잘못되어간다는 느낌을 받는다. 부작용에 대한 문서를 다시 읽어보고, 결국 올 것이 왔다며 포기하게 된다.

구내염이 세 군데 생겼다. 한 달 정도 구내염은 잠잠했던 것 같은데 마치 짠! 벌써 나를 잊었던 거야? 하는 것 같다. 구내염은 생기는 부위에 따라 통증 차이가 크다. 입술이 제일 아프고, 입술에 덮여 있는 아래쪽 잇몸 같은 경우는 의외로 큰 불편함이 없다. 그 부위에 음식물이 닿을 일이 적나보다. 아니면 내 입술이 너무 두껍거나. 입술이 두꺼워서 좋은 경우가 있을 줄은 몰랐다.

 혀끝이 마치 파인애플이나 키위 같은 연육 작용이 있는 과일을 잔뜩 먹었을 때 같다. 혀끝에 생긴 아슬아슬한 구내염에는 묘한 쾌감이 있다. 쌉쌀하기도 하고, 살짝 피맛도 나는 것 같다. 가만히 있어도 어떤 차를 마시는 기분이다. 입술보다는 덜 아픈 것 같기도 하다.

 밥 먹기 힘들어졌다는 건 슬프다. 구내염이 생기면 고춧가루가 들어간 음식들을 대부분 포기하게 된다. 우동 종류의 컵라면을 먹어도 맵다. 매운맛이 통각이라는 사실을(하지만 미각과 관련된 지식이 자주 바뀌므로 통각이라고 배우기는 했지만 요즘도 통각에 해당하는지는 확신할 수 없다) 통감하게 된다.

 유용한 정보 하나. 구내염을 치료하는 방법은 여러 가지가 있고, 가장 널리 알려진 건 알보칠이 분명하다. 구내염이 심하다고 하면 누구나 알보칠을 발라봤냐고 묻고 구내염으로 아픈 것과 알보칠을 바르는 순간 아픈 것은 사실상 고통의 총량에서는 같은 것이 아니냐는 대화를 나누고 그럼에도 불구하고 알보칠의 위대함에 대해 이야기한다. 주변에 한두 명 정도는 꼭 알보칠을 전도하는 사람이 있다. 괜찮다고 아무리 사양해도 자신을 믿고 한 번만 발라보라면서 강권한다. 따라서 알보칠에 대해서는 말할 필요가 없다.

　입에 붙이는 패치도 있다. 넓이는 완두콩만한 원형이고, 두께는 상당히 있다. 스티커 같은 게 아니라 얇은 스펀지 같다고 할까. 풀이나 젤리 같은 성분으로 되어 있어서 침에 닿으면 스르르 녹으며 찰싹 달라붙는다. 붙여둔 상태로 다 녹을 때까지 내버려두면 되는데 생각보다 시간은 오래 걸린다. 삼켜도 된다고 하지만 어쩐지 그 침을 다 삼키기에는 부담스러워, 침을 질질 흘리고 있는 자신을 확인할 수 있었다. 어렸을 때도 침을 흘리고 나이가 들어서도 침을 흘리는 걸 보니 나는 한결같은 사람인가보다. 잇몸에 구내염이 날 때 특히 유용하고, 의외로 혀에도 잘 달라붙는다. 가뜩이나 어디 나사 하나 빠진 것 같아 보이는 얼굴인데, 침까지 흘리고 있으니 너무 자연스러웠다. 알보칠보다는 편하다는 장점이 있으나 뭔가가 계속 진득하게 달라붙어 있는 것도 불편했다. 진득하거나 쩐득한 것과는 친해지기 어렵다.

　정말 유용한 정보는, 식염수다. 식염수로 입을 헹구면 구내염 치료에 효과가 있다. 임상 간호사는 구내염이 없냐고 물었고 가그린을 쓰고 있다고 하자 "어, 가그린은 많이 아프지 않으세요?"라고 물었다. 질문이라기보다 안쓰럽다는 어투였고, 진심이 담겨 있는 것 같아 새삼 구내염 부분이 찡했다. 어쩐지 가그린을 할 때면 울고 싶어지더라.

실제로 식염수 포장에도 다음과 같이 적혀 있다. "효능·효과: 1. 관류 2. 피부, 창상(상처)면, 점막의 세정, 습포(적셔서 대는 것) 3. 함수(양치질), 분무흡입제로서 점막 세정, 객담(가래) 배출 촉진 4. 의료용구의 세정." 렌즈 세척이나 비염에만 쓰임이 있는 줄 알았는데.

위대한 식염수는 자극적이지도 않고 가격도 싸다. 1리터 한 병에 2,000원이면 살 수 있다. 문제는 개봉 후 세균 번식 때문에, 냉장 보관을 하더라도 하루이틀 안에 쓰는 게 안전하다는 것 정도. 구내염이 심할 때는 1리터짜리를 사서 부지런히 쓰고, 가끔 쓸 때는 개별 포장된 1회용 식염수를 쓴다. 대신 1회용은 비싸다. 비염 코세척에 쓰던 식염수 가루를 타서 입을 헹궈도 되지 않을까.

아직까지는 다들 구내염에 식염수가 좋다는 말을 처음 들었다는 반응이었다. 거봐, 사람들은 자신이 좋다는 걸 권하는 습관이 있다니까. 『투암기』를 읽고 최소한 구내염 다스리는 법 하나를 알면 그것도 괜찮지 않을까. 비염에도 좋고. 아, 뭔가를 읽고 뭔가를 아는 것이 좋다는 생각을 떠올리는 자신이 잠깐 싫어진다. 평생 교훈이나 가르침에 저항해왔지만 이기지 못했구나. 하지만 당신은 부디 식염수 쓸 일이 없기를 바란다.

33. 빨래

처음에는 빨래에 집착했다. 사흘에 한 번 침대보와 베개 커버를 빨았다. 어쩐지 자꾸 『투암기』가 가정생활과 관련된 내용으로 가득차는 것 같지만 어쩔 수 없다. 더욱 외출과 사교에 힘을 쏟는 렉라자맨도 있지만, 나는 렉라자맨이 되기 전에도 집에 가만히 웅크리고 있는 쪽을 선호했으므로 더욱더 칩거하고 있다. 쪼그리고 있으면 자꾸만 집안일이 눈에 들어온다. 집안일 하나를 마치고 돌아와 가만히 있을 때 가장 편안하다.

가만히 있는 사람에게 가장 가까운 것은 온갖 종류의 면과 천이다. 이불과 혼연일체가 되어 있다는 말은 이불 냄새를 하루 종일 맡고 있다는 것과 같다. 칩거인이 아니더라도 하루의 1/3은, 그러니까 자는 시간만큼 함께 있는 것이 이불이다. 누구나 이불 속에서 태어나 이불 속으로 돌아가 죽는다. 그러므로 이불은 어떤 의복보다도 신중하게 관리될 필요가 있다. 옷은 빨면서 이불 세탁을 게을리하는 사람은 신뢰할 수 없다.

하루는 베개 솜을 빨았다. 베개 솜은 늘 팡팡 두드려서 먼지만 떨거나, 햇볕에 바짝 말리거나, 건조기에 돌리는 것이 고작이었다. 생각해보니 베개 솜도 가끔은 빨아야 하는 것 아닌가 싶었다(몇 년 동안 한 번도 빤 기억이 없다). 욕조에 물을 잔뜩 받고, 세탁제를 풀고, 베개 솜을 충분히 담가둔 뒤, 때가 쏙쏙 녹은 다음에 조물조물 빨면 되겠다는 생각……이었는데 베개 솜을 잠기게 하는 것부터 쉽지 않았다. 아무리 눌러도 물 위로 자꾸 떠오르는 녀석들은, 마치 내가 악당이 된 것 같은 암담함을 느끼게 했다. 제발 그만 들어가주면 좋겠어, 너도 편하고 나도 편하면 안 되겠니…… 간신히 베개 솜에 물을 먹였다. 본격적인 세탁은 지금부터 시작이다.

조물조물로 해결될 문제가 아닌 것 같아서 걷기 운동 삼아 올라가서 이십 분 정도 밟았다. 일부러 산책할 필요도 없고 괜찮다 싶었지만…… 밟을 때마다 솜은 옆으로 도망을 쳤고, 넘어지지 않기 위해 안간힘을 써야 했다. 이제 넘어져서 뼈가 부러지면 낫기 어렵다. 보통 사람들이라면 자연스럽게 할 치료도, 이 치료가 렉라자와 간섭이 생기지 않는지 등을 확인하고 시작해야 한다. 다른 병원에서 진료를 받을 경우 꼭 미리 전화해서 치료나 처방이 렉라자와 상충되는 부분은 없는지 확인도 받아야 한다. 조심조심 이십 분 정도 밟고 나니 발끝이 물에 불어서 쓰라렸다. 이제 베개 솜 하나 빨기 어렵구나.

   베개 솜을 욕실에서 세탁기까지 옮기는 것도 문제였다. 괜히 "물 먹은 솜 같다"는 말이 생긴 게 아니었다. 집에 있는 네 개의 베개 솜을 몽땅 빨았는데, 베개 솜마다 특성도 다 다른 모양이었다. 똑같이 물을 먹었지만 무게 중심이 달랐다. 한 번에 산 게 아니라 하나씩 모으듯이 산 것이라 그런가보다. 제일 좋아하는, 납작한 베개 솜은 탈수와 건조기를 반복해도 마지막까지 한가운데에 물을 품고 있었는데 그 이유를 알 수 없다. 양지 바른 곳에 모셔뒀다. 일주일쯤 내버려두면 언젠가는 한처럼 간직한 물을 다 뿜겠지.

   모든 베개의 모양이 세탁하기 전과 조금씩은 다 달라졌다. 한 녀석은 잘 기억하지 않았으면 베개 솜이라는 것조차 알기 어려울 정도다. 베개 솜이 동서로 "분단"이라는 말이 어울릴 정도로 나뉘었다. 처음부터 두 개의 솜을 교묘하게 엮어놓았던 것일까. 어떻게든 내 세탁 방식의 책임에서 벗어나려고 발버둥치고 있다. 역시 안 하던 세탁은 함부로 하는 게 아니다. 베개 솜은 세탁하기보다 충분히 쓰고 새것을 사는 게 옳을지도 모르겠다. 갖고 있던 베개 솜을 한 번에 망가뜨려버렸다. 수건도 자주 못 바꾸면서 베개 솜을 새로 살 수 있을 것 같진 않고, 새로 뭔가를 사는 일은 심각하게 회의적이지만. 참, 어느 순간부터 양말 빨래가 나오지 않는다.

34. 일기

　매일 일기를 쓰는 사람은 무섭다. 꾸준하게 일기를 쓰는 사람이라면 지나치게 성실하고 바른 사람일 확률이 높다(기질적으로 친하게 지내기 어렵다). 반대로 심각한 결핍이나 망상이 있을지도 모른다(망상은 나 혼자로 충분하다).

　『투암기』는 매일 쓸 때도 있고, 일주일씩 쉴 때도 있으니 일기는 아니다. 마음이 충분히 있을 때 쓸 때도 있고 없는 마음을 쥐어짜면서 작업하기도 한다. 작업량을 그래프로 그려서 희희낙락할 때도 있다. 물론 쓰지 않는 날도 많다.

　『투암기』를 쓸 때는 내가 렉라자맨이라는 사실을 잠깐이나마 잊을 수 있다. 반 발자국 뒤로 물러나 렉라자맨을 보고 있는 느낌이다. 지금의 기분은 어떤가, 어제의 기억은 무엇이었는가, 내일 나는 어떠할 것인가. 렉라자맨을 옮겨놓기 위해 집중하다보면 나는 다른 무엇이 되어 있다. 하루의 『투암기』가 끝나면 아참, 나는 렉라자맨이었지 하면서 의기소침해지기는 한다. 작업을 최대한 천천히 연기하고 싶은 마음과 너무 늦기 전에 부지런히 써야겠다는 마음이 서로 다툰다.

의기소침한 기분에서 벗어나려면 다시 『투암기』를 써야 한다. 쓰다보면 의기양양해질 때가 있으니까. 언젠가는 새벽 세시에 문득 일어나 『투암기』를 썼다. 한 시간쯤 쓰다 지쳐 잤는데, 아침에 일어나서는 정말 『투암기』를 쓴 것인지 꿈을 꾼 것인지 헷갈렸다.

어렸을 때, 방학 일기는 한 달씩 몰아서 썼다. 1, 2학년 때는 진작 쓸걸, 울면서 썼는데 3, 4학년이 되자 익숙해져 이깟꺼, 하면서 자신만만하게 몰아서 썼다. 역시 하다보면 능숙해지고 성숙해지는 법이다.

몰아서 쓰는 일기에는, 매일 쓰는 일기가 따라갈 수 없는 "배치"의 즐거움이 있다. 한 달을 충분히 숙고하고 조율할 수 있기 때문이다. 매일 독특한 일이 일어나면 다소 작위적으로 보인다. 선생님을 속이기 위해서는 여러 에피소드를 적절하게 나열해야 한다. 한 번 썼던 이야기를 적당히 껍데기만 바꿔서 활용하기도 하고, 누나의 일기를 몰래 읽고 훔치기도 하고, 텔레비전에서 본 내용을 적당히 재탕하기도 했다. 진짜 "일기"에는 장대한 계획이 결여되어 있다. 돌이켜보면 방학 일기를 "읽는" 사람은 선생님밖에 없었을 텐데, 누나는 어떻게 내가 자신의 일기를 훔쳐 읽었다는 걸 알고 화를 냈던 것일까.

어떻게 글을 쓰게 되었냐는 질문을 제일 많이 받았다. 상대방도 정말 궁금해서 묻기보다는, 다른 질문이 생각나지 않아서 던지는 것 같다. 가끔은 "대체 당신 같은 사람이 어떻게 작가가 되었습니까"라거나 "이런 소설을 쓰고도 작가가 될 수 있다니, 한국문학의 미래는 어둡군요" 하고 안타까워하는 것 같기도 하다. 이런 경우 충분히 그 안타까움에 공감해줄 수 있다 (한국문학에 대한 걱정은 나도 동의한다). 소설도 읽지 않고 작가는 어떻게 되냐고 묻는 사람이 더 많았다.

작가가 되는 방법은 모르겠으나, 작가를 키우는 방법은 알고 있다. 강연회에서, 방학 일기를 매년 몰아서 쓰는 나를 보고 엄마는 한숨을 쉬며 책 한 권을 읽고 독후감을 쓸 때마다 100원씩 용돈을 주겠다고 했다, 당시 물가에도 100원은 너무했던 것 같고, 300원을 부르고 200원쯤에서 타협했다고 하면 중학생 청중은 웃고, 옆에 서 있던 사서 선생님 얼굴은 급격하게 어두워졌다. 괜히 심심해서 들어와 있던 교감 선생님은 도서실을 나가버렸다. 일기는 매일 써도 일기, 매일 쓰지 않아도 일기다. 이순신도 매일 『난중일기』를 쓰지는 않았다. 하지만 이순신은 성실하게 일기를 쓰면서 망상을 다스렸고, 포기하지 않고 전쟁을 이길 수 있었다. 렉라자맨에게 가끔 쓰는 『투암기』가 중요한 이유다.

35. 여행

    렉라자맨들의 대외적인 임무는 그동안 가보지 않은 곳들을 둘러보고 우리나라에도(세계에도) 이렇게 아름다운 곳이 있다고 감탄한 뒤 그 지역에서만 먹을 수 있는 개성 있는 음식으로 식사를 마치고 그래도 구경을 할 수 있다는 사실에 감사한 마음을 갖고 안전하게 귀가하는 것이다. 렉라자맨이라고 고백하면 모든 사람들이 하나같이 그동안 가보지 못한 곳을 가보라고 권하는데, 마치 살아가는 목적 중 하나가 여행에 있다는 말처럼 들렸다. 시큰둥한 렉라자맨인 나는 어쩐지 이런 대외적인 임무가 썩 마음에 들지 않았다. 여행을 즐기라는 말이 마치 얼마 남지 않은 생을 보내라는 말처럼 들렸다.

    꼭 가봐야 하는 여행은 없다. 반드시 가야 한다면 그건 여행이 아니라 출장에 가깝다. 필요 이상의 감탄이나 한탄은 원치 않는다. 비용과 수고로움을 감수하고 필요 이상으로 탄복하는 것은 억지 같다. 그렇다고 굳이 여행을 와서 막상 오니까 별것 없네, 하고 시니컬한 태도를 갖는 것도 보기 싫다(분명히 우리 주위에는 이런 사람들이 있다). 사람들을 뚫고 다니다보면 금방 피곤해진다. 시도 때도 없이 사진 찍는 사람들을 보면서 여행이 아니라 사진관에 왔군 싶으면서도 나도 슬쩍 구도를 잡고 있다. 그냥 지나갈 때는 어쩐지 아쉬움이 생기고, 그 아쉬움은 싫다.

지역 음식은 편하게 먹기 어렵다. 맛집은 사람들이 몰리고 찾아가기 힘들다. 쉽게 먹을 수 있는 음식은 대체로 맛집은 아니다. 인터넷에는 온통 광고투성이거나 한두 번 여행을 다녀온 경험을 바탕으로 무턱대고 추천하는 글이 넘쳐난다. 혀는 익숙한 것을 찾기 마련이라, 유명한 지역 음식도 막상 먹어보면 낯설기 때문에 맛을 느끼기 어렵다. 적당히 먹을 만하면 사실 익숙한 아는 맛이다.

여행은 주로 비수기에 갔다. 100퍼센트를 다 보지 못해도 괜찮다. 50퍼센트만 해도 나쁘지 않으니까. 어차피 성수기 때는 사람들이 풍경을 가리기 때문에 100퍼센트 여행이란 존재하지 않는다. 아무도 찾지 않는 정반대의 계절도 그 나름의 매력이 있다. 기대가 크지 않으니 실망도 적다. 작정하고 떠나는 것이 아니라 좋으면 좋고, 아니면 말고 하는 심정으로 가게 된다.

그럼에도 불구하고, 화담숲은 가야만 했다. 우연히 오후 네 시 삼십분에 입장할 수 있는 표를 구했다. 이미 예매 마감된 지 오래되었는데, 취소표가 불쑥 나온 것이다. 취소표는 길 가다 주운 지폐 같아서 거절할 수 없다.

빠르면 구십 분, 보통 백이십 분이면 일주할 수 있다고 했다. 화담숲의 다람쥐는 열심히 쳇바퀴를 돌리고 있었다. 도토리 몇 개를 급여로 받고 있을까? 최소한 3교대 근무겠지? 숲속을 뛰어다니는 다람쥐―얼굴은 다람쥐인데 꼬리는 청솔모를 닮아서, 다람쥐의 부모를 잠깐 의심했다―도 있었다. 다람쥐는 겨울을 대비해 도토리를 이곳저곳에 묻어두는데 정작 저장해둔 곳을 잊는다고 했다. 덕분에 도토리나무 숲이 울창하게 유지된다는 말을 들은 적이 있다. 하지만 화담숲 다람쥐는 눈앞의 도토리를 더 소중하게 여기고 있었다. 바로 앞에서 사진을 찍건 말건 탐욕스럽게 도토리를 먹어치우고 있었다. 덕분에 식욕이 조금 생겼다. 다람쥐처럼 살아야겠다. 훗날의 도토리 숲은 조금 더 건강한 다른 다람쥐가 이뤄줄 것이다. 다음 생에는 다람쥐로 태어나는 것도 괜찮겠다.

일몰은 다섯시 사십삼분이고, 산속의 해는 일몰 예정 시간보다 빨리 진다. 달과 달리 태양은 모습이 변하지 않는다. 『위대한 개츠비』의 데이지는 개츠비의 저택에서 화려한 셔츠들을 보고 운다. "이렇게 아름다운 셔츠들이라니." 그녀가 흐느꼈다. 잔뜩 쌓인 셔츠 더미에 파묻혀 그녀의 목소리가 띄엄띄엄 들려왔다. "너무 슬퍼. 이렇게, 이렇게 아름다운 셔츠들은 처음이야." 데이지처럼 나도 울 것 같다. 석양을 보면 멈춰 서게 되고 말을 잃게 된다. 단풍은 어디서나 단풍일 뿐이었으나 석양은 다르니까. 언제나 처음 본 것 같은 마음이 들고, 조금은 처연해진다. 해님 해님, 렉라자맨을 도와주세요.

사실 처음 『위대한 개츠비』를 읽었을 때는 무라카미 하루키를 원망했다. 『상실의 시대』에는 『위대한 개츠비』를 읽지 않은 사람과는 상대하지 않는다는 인물이 나오는데, 『상실의 시대』에 매료되었던 나는 『위대한 개츠비』도 당연히 위대한 소설일 것이라고 상상했다. 하지만 『위대한 개츠비』를 다 읽고 나서는 뭐가 위대한지에 대해 심각한 고민에 빠졌고, 하루키가 직접 번역까지 했다는 소설을 이해하지 못하는 자신의 안목을 자책하기 시작했으며, 하루키에 대한 원망의 마음까지 생겼다. 『위대한 개츠비』를 이해하게 된 건 10년 정도 지나서였다. 지금은 나도 하루키처럼 『위대한 개츠비』를 마음대로 권하고 다닌다. 학생 여러분, 이 소설을 꼭 읽으세요, 라고. 어떤 학생들은 선생님, 대체 왜 이 소설이 "위대한"지 모르겠어요, 하며 울상을 짓는데, 그 모습을 보고 있으면 흡족해진다. 괜찮아, 마침내 알게 될 테니까. 지금 읽어두면 나중에 개츠비의 씨앗이 자랄 테니까.

화담숲 여행을 마쳤을 때, 나에게도 씨앗이 남았다. 정시에 입장한 방문객들에게 "시드 쿠키Seed Cookie"를 나눠주고 있었다. 그 자리에서 주는 건 아니고, 먼저 쿠폰으로 받고 퇴장할 때 쿠키로 교환하는 방식이었다. 화담숲이니까 씨앗을 줄 것 같았고, 대마 쿠키도 아니고 씨앗으로 쿠키를 굽는 건 어딘가 수상했지만, "패랭이꽃" 맛이라니 의심스러웠지만, 그래도 쿠키인 줄 알고 먹을 뻔했다. 어두워서 그랬다. 가을 산에서는 오후 여섯시면 이미 캄캄하니까. 집에 와서 보니 "주의: 먹지 마세요!"라고 적혀 있었다. 시드 쿠키는 식물이 자라는 데 필요한 보수력, 통기성, 양분이 최적화된 펠릿에 씨앗을 넣어 물만 주면 싹을 틔울 수 있도록 만든 것이었다.

"누구나 쉽고 간단히 식물 모종을 키울 수 있는 제품"이라는 말에 매혹당했다. 다이소에서 1,000원짜리 화분을 샀다. 자, 이제 남은 건 패랭이꽃 싹을 잘 틔운 뒤 화분에 옮겨 심는 일이야! 하지만 펠릿에 물을 너무 많이 부었는지, 패랭이꽃이 그냥 물에서 익사해버렸다. 망가진 커피팩처럼 되어버렸다. 사용 방법을 꼼꼼하게 읽고 다시 도전했다. 적당히 시드 쿠키가 부풀어오를 때까지, 본잎이 4~6장 나올 때까지 기다리면서 스프레이로 살살 물을 뿌렸다. 이번에는 패랭이꽃 대신 하얀 곰팡이가 폈다.

돌이켜보면—렉라자맨이 된 이후 뭔가를 자꾸 돌이켜보는 습관이 생겨 슬프지만—나는 식물과 친해지기 힘든가보다. 대학생 때 길에서 2,000원을 주고 샀던 로즈마리 허브도 결국 곰팡이에 시달리다 죽었다. 된장찌개를 끓일 때마다 조금씩 잘라 쓴 게 문제였을까, 자취방에 빛이 제대로 들지 않았기 때문일까, 환기를 충분히 하지 못해서였을까, 살리고 싶은 급한 마음에 영양제를 사서 꽂았던 게 오히려 탈이 났을까. 그나저나 미리 사둔 다이소 화분은 어디에 쓰지?

아, 하나 더 남은 게 있다. 화담숲에서는 다섯 곳의 스탬프를 모으면 마그넷을 줬다. 봄, 여름, 가을, 겨울 계절마다 마그넷이 다르다고 한다. 자석은 렉라자맨보다 오래 살겠지. 나머지 봄, 여름, 겨울 마그넷을 모두 모을 수 있으면 좋겠다. 계절마다 달려가도 최소 1년, 깜빡 하면서도 모은다면 수년이 걸릴 수도 있다. 냉장고에 붙이려던 마그넷을 화분에 넣었다.

36. 무제

 모름지기 자연스러운 『투암기』라면 무제도 있어야 한다. 매일 어떤 제목을 갖고 글을 쓸 수는 없고, 무제도 분명히 제목의 일종이니까. 물론 툭하면 붙이는 "무제"라는 제목은 문제가 있다. 전시회에서 "무제3", "무제17"이 나오면 갑자기 나도 건성으로 관람하고 악평을 쓰고 싶어진다. 게으른 창작자는 나 혼자로도 족하다. 같은 공간에 비슷한 창작자가 두 명 있는 건 참기 힘들다. 창작자의 생명은 모름지기 다른 창작자와 다르다는 데 있으니까.

 한두 번까지는 그래도 참을 수 있긴 하다. 나도 도저히 제목이 떠오르지 않으면 무제라고 짓고 싶었다. 『죄와 벌』이라거나 『드라큘라』처럼 대충 지은 것 같은 제목도 많다(하지만 『죄와 벌』은 멋진 제목이기도 하다). 중요한 건 그 안에 담긴 내용, 진실된 이야기다. 이야기가 형편없으면서도 제목을 잘 지어서 어떻게 만회해보려는 욕심이 더 문제다. 그러니까 무제라고 지어도 어떻게든 이해해주지 않을까……

37. 의식

 모름지기 자연스러운 글이라면 주제도 없어야 한다. 렉라자맨이 되고 나자 중요한 문제가 사라졌다. 어떤 일도 렉라자맨인 것보다 중요할 수는 없고, 새로운 계획을 세우기도 여러 모로 난감하다. 큰일에 집착하지 않으니(물론 큰일을 질색하며 살아왔지만) 사소한 것에 더 집착하게 되는데, 어젯밤부터는 세차가 그렇다.

 아직까지 단 한 번도 기계 세차를 하지 않았다……라고 하기에는 노터치 세차를 이미 했다. 자동차를 특별히 아낀다거나 애지중지 타서 그런 건 아니다. 손 세차만큼 무념무상을 실현하기에 적합한 일을 아직 찾지 못했기 때문이다. 대충하기 때문에 특별한 노하우나 장비가 있는 것도 아니다.

 먼저 10년 전부터 쓰던 높이가 있는 플라스틱 바스켓. 요즘

플라스틱은 수명도 긴 모양이다. 여기에 빨래도 하고 겨울에는 뜨거운 물을 받아다 족욕도 했다. 이제는 자동차 세차에도 쓴다. 세차용 스펀지는 어디서 받았는지 기억도 나지 않는다. 한 통에 만 원도 하지 않는 자동차용 세제가 하나 있다. 한 병이면 폐차할 때까지는 충분히 쓸 것 같다. 코스트코에서 산 막타월 한 상자, 간단하게 뿌리고 바로 닦을 수 있는 물왁스 하나가 전부다.

이미 세차 중독자 같다고? 진짜 세차에 열중한 사람들을 보지 못해서 그렇다. 그들은 바스켓만 두 개를 쓰거나, 오염물을 가라앉힐 수 있는 특수 바스켓을 쓴다. 한 번 차를 닦은 스펀지에 묻은 오염물질을 씻고 가라앉힌 뒤 쓰는 방식이다. 스펀지도 보통 스펀지가 아니다. 양모로 되어 있거나 특별하게 부드러운 재질을 쓴다. 왁스의 종류까지 쓰다보면 『투암기』가 끝날지도 모르겠다.

세차장에 가면 제일 먼저 좋아하는 라디오를 찾는다. 나머지는 대충대충 한다. 시작할 때 넘치던 의욕은 늘 이십 분쯤이면 바닥나기 때문에, 뒷일은 적당히 하다 마무리할 것을 알고 있다. 기실 세차뿐만이 아니라 모든 게 그랬다. 처음부터 마지막까지 한결같은 힘을 낸다거나, 마지막에 더 큰 에너지를 발휘한다거나 하는 건 잘 되지 않는다. 처음 시작할 때는 폭발적인 에너지를 갖고 있지만 그 관성을 유지하는 일이 늘 어렵다. 언제나 시작은 힘차게, 중간은 적당하게, 마지막은 대충대충.

그래도 일은 끝나고 마무리는 어떻게든 된다. 살아가는 것도 비슷하지 않을까. 어렸을 때는 발랄하고, 중장년이 되면 살아가던 관성 덕분에 살게 되고(관성을 유지하는 것도 쉬운 일은 아니다). 마지막까지 열심히 사는 걸 굳이 따라하고 싶지는 않다.

    세차를 자주 하지도 않는다. 1년에 서너 번 정도, 계절이 바뀔 때 정도. 1년에 네다섯 번 정도 한다고 치면, 앞으로 세차를 몇 번이나 더 할까 싶다. 마지막 세차를 하고 나서, 처음 사서 2년 동안 쓰던 왁스가 떨어졌는데 새로 사는 것을 보름째 고민하고 있다. 새로 한 통을 사서 모두 쓸 수 있을까. 어차피 더러워질 텐데, 한 번이라도 비를 맞으면 얼룩이 남을 텐데 굳이 세차를 해야 할까. 그래도 사는 쪽을 선택한다. 새로운 제품이 나와서……는 아니고, 한 번이라도 더 움직여보기 위해서.

38. 영화

 영화에 대한 마음은 늘 공평하다. 보고 싶은 영화는 있어도 반드시 봐야 할 영화 따위는 없다. 좋아하는 감독의 영화라고 해도 일부러 찾지는 않는다. 만날 영화는 어떻게든 만나게 되어 있으니까.

 어떤 영화에 대해 설명하는 사람들은 싫다. 마치 자신이 읽었던 소설책 이야기를 하는 것처럼 보인다. 어떤 식으로든 서사를 가장 잘 즐기는 방식은 직접 보고 듣고 읽는 것이다. 줄거리로는 전달되지 않는다. 설명하는 사람의 개인적 비평까지 섞이면 혼란스럽기만 하다. 말하는 쪽은 스스로의 설명에 감동하겠지만 듣는 쪽은 지루하다. 좋은 영화를 추천할 줄 아는 사람은 자세하게 말하지 않는다. 말이 짧은 사람들의 추천은 기꺼이 신뢰한다. 어, 그런데 내가 지금 설마 영화 이야기를 하려는 건 아니겠지?

코로나19 이후 두번째로 영화관에 갔다. 수백 년, 아니 수십 년만 지나면, 대체 영화관이란 무엇이었는지 궁금해할 것 같다. 어둡고, 많은 사람들이 모여 감염 위험이 있고, 두세 시간 동안 침묵하면서 보는 행위를, 후대 사람들은 일종의 종교의식이라고 추측할지도 모른다. 영화관이라는 제의적 공간에서, 침묵한 채로, 장엄하고 엄숙한 오프닝을 보며, 많게는 수천만 명이 동일한 영상을 보고, 이후에도 내용을 해석하기 위해 토론하고, 세부적인 부분에서는 차이가 발생하고, 서로 다른 해석에 대해서는 불쾌해한다(너는 영화 볼 줄 모르는구나).

사실 영화를 보러 간 게 아니다. 자외선을 피해 안전하게 걸을 수 있는 공간이 쇼핑몰밖에 없어서, 산책을 하러 갔다. 선크림을 바르면서 피부가 더 얼룩덜룩해지고 있는데 밤에만 돌아다닐 수는 없다. 한참 걷고 점심을 먹고 났을 때 미야자키 하야오의 〈그대들은 어떻게 살 것인가〉의 광고를 봤다. 그래, 오랜만에 하야오 영감을 만나볼까. 어떻게 사느냐는 요즘 나의 최대 화두기도 하고.

렉라자맨은 〈그대들은 어떻게 살 것인가〉를 불가항력에 대한 영화로 읽었다. 도쿄 대공습으로 어머니를 잃은 남자아이는 어떻게 살아야 하는지 모른다. 어머니의 부재 속에서 세상을 납득하기도 어렵다. 남자아이가 아니라도 마찬가지다. 나는 아버지의 죽음을 견뎌내는 데 7년 이상 걸렸으니까. 어쩔 수 없는 것에 대해 말하면서도, 영화가 다음 세대는 더 나아질 수 있다는 말을 한다거나, 너희 세대는, 주인공은 달라질 수 있어 따위의 말을 해답이라고 던지지 않아서 기뻤다. 〈그대들은 어떻게 살 것인가〉라는 제목은 의외로 정직한 직구였다. 하지만 하야오 할아버지, 그래도 저는 어떻게 살아야 하는지 여전히 모르겠습니다, 하고 중얼거렸다.

다른 "아이"도 봤다. 영화가 시작될 때, 초등학교 1, 2학년으로 보이는 여자아이 셋을 두고 나가는 어머니가 있었다. 어머니가 너무나도 "황급하게" 나갔기 때문에 눈에 들어왔다. 아이들은 이십 분이 지나기도 전에 뭔가 소곤소곤 이야기를 나누다가, 마침내 "탈출"을 시도했다. 하지만 영화관 문은 아이가 밀기에 무거웠던 모양이다. 어른들도 〈그대들은 어떻게 살 것인가〉가 대체 무슨 영화인지 모르겠다는 불만을 토로하는데, 아무리 영민해도 초등학교 1학년에게는 난감하지 않을까 싶었다. 포스터에는 무섭게 생긴 왜가리가 그려져 있는데 왜 어머니는 아이들에게 이 영화를 권했던 것일까.

그래, 너희들도 주인공 남자아이처럼 어떤 답답함과 시련을 겪으며 이렇게 살아가는 것이란다. 어머니는 너희를 사랑하지만, 잠깐 떨어져서 쉴 시간이 필요하단다. 하지만 영화관에서 너무 떠들면 곤란한데. 아저씨는 집중력이 형편없거든. 하지만 어두운 영화관에서 옆에 앉은 아저씨가 "쉿"이라고 하면 굉장히 무서울 테니까—가뜩이나 왜가리가 날아다니는 영화인데, 아이들에게 공포 영화로 기억될지도 모른다—부디 나중에 크고 나서 이상한 영화를 봤다는 기억을 해주렴, 하고 가만히 있는 수밖에 없었다.

〈포레스트 검프〉나 〈캐스트 어웨이〉 같은, 알고 있지만 보지 않았던 영화도 보고 있다. 〈포레스트 검프〉에서는 주인공 어머니와 아내가 병으로 죽는다. 특히 아내는 젊어서 사망한다. 〈캐스트 어웨이〉는 유쾌한 무인도 표류 영화인 줄 알고 봤는데, 시작부터 동료의 아내가 암으로 죽어간다는 장면이 나왔다. 아내의 죽음을 지켜보는 동료와 그에게 더 해줄 말이 없는 주인공의 얼굴 때문에 왼쪽 가슴팍이 아팠다. 어느 영화를 봐도 모두 그 속에는 렉라자맨이 있었다. 모든 영화는, 서사는 결국 죽는 문제를 어떤 식으로든 다룬다.

〈캐스트 어웨이〉는 자살 방지 캠페인처럼 보이기도 했다. 추락하는 비행기에서도 살아남을 수 있다, 무인도에 혼자 남아도, 엉망진창으로 발바닥을 다치고 허벅지가 뚫려도, 섬을 탈출하면서 모든 것을 잃어도 버텨보라는 영화처럼 읽혔다. 강대한 희망이나 굳은 의지가 보이지 않아서 위로가 되었다. 다음 치료제까지 견뎌봐라. 지난 10년 사이에 폐암 치료제가 획기적으로 개선되었다는 건, 다음 10년 사이의 신약도 기대해볼 수 있는 것이기도 하다. 물론 연구는 몇십 년 동안 지지부진할 수도 있고, 난관에 빠질 수도 있고, 나 역시 임상의 하나로 지나가는 데이터가 될 수도 있다. 하지만 데이터에 그치더라도 누군가를 위한 희미한 발판이 되어줄 수도 있다. 두 시간 이십 분짜리 〈캐스트 어웨이〉를 보는 것은 좋은 선택이었다.

39. 작업

『투암기』를 계속 이어 쓰기 위해서는 작업하던 파일부터 신중하게 불러와야 한다. 연도-작업 종류-작업 대상-파일인데, 습관적으로 "수업" 폴더에 들어가면 낭패다. "수업" 폴더에는 한 학기 강의계획서, 출석부, PPT, 시험문제, 이력서, 성범죄경력조회동의서, 통장 사본 스캔 파일 등이 있기 때문이다. 강사 생활을 시작할 때는 성범죄경력조회동의서를 지역 경찰서에 제출하는 것만으로도 곤혹스러운 기분이 들었는데, 이제는 대학 교무처에서 "틀린" 서류 양식을 보내면 알아볼 수 있을 정도다.

"수업" 폴더는 멈춰 있다. 렉라자맨이 되면서 2학기 강의를 모두 그만뒀다. 가장 오래 강의했고 학생들에게도 애착이 있던 H대학은 마지막까지 고민하다 결국 전화를 했다. 수업도 수업이지만 왕복 네 시간 이상 운전하기는 어려울 것 같았다. H대학 강의를 그만둔 건 렉라자맨이 된 후 후회하는 일 중 하나다. 이제 소설에 대해 이야기할 수 없다.

일어나면 제일 먼저 빨래를 돌린다. 세탁기가 일하는 동안 커피를 마시며 작업을 한다. 『투암기』가 될 때도 있고 단편소설이 될 때도 있다. 빨래가 끝나면 점심을 먹고 청소를 하고 피곤해져서 한 시간 낮잠을 잔다. 허벅지와 엉덩이부터 살이 빠져서 스쿼트와 실내자전거도 타고 있다. 운동이 제일 어렵다.

언제까지 렉라자맨으로 살 수는 없다. 렉라자맨조차 될 수 없을 때를 준비해야 한다. 의사의 말대로 힘들어도 렉라자맨일 때가 인생에서 가장 좋은 상태일 것이다. 렉라자맨과 죽음 사이에 놓여 있는 다른 방식의 항암 치료를 한 번은 더 시도하게 된다. 표준 항암 치료나 임상 치료는 가능성도 낮고 견디기 어렵다. 체력을 만들어둬야 한다. 살기 위해 운동하고 죽기 위해 운동하는 셈이다. 살기 위해 운동하는 건 비슷한 나이대의 다른 사람들과 다르지 않은데, 죽기 위해 운동한다는 역설은 나쁘지 않다.

렉라자맨이 열어야 하는 것은 "투암기" 폴더다. 『투암기』는 매일 이렇게 시작된다. 주말에는 쓰지 않는다. 렉라자맨이 되어서 주말까지 노동하기는 싫다. 주말까지 일한 결과는, 정작 2학기 강의를 나가지도 못하면서 이미 준비되어 있는 2학기 강의 교안들이다. 앞으로는 미리 하지 않겠다……고 다짐하지만 분명히 부지런히 하게 될 것이다. 단편소설만 해도 마감 한 달 전에 완성하는 것을 목표로 쓰고 있고, 『투암기』조차도 어쩌면 미리 쓰고 있는 것이니까. 사는 방법을 바꾸는 건 운동보다 어렵다.

금요일쯤 되면 물끄러미 화면만 바라보다가 토요일이 되기를 기다린다. 작업 속도는 월요일이 제일 빠르다. 주말 동안 할 말이 쌓이는 모양이다. 쓰고 싶은 내용이 많다는 게 좋은 일인지는 모르겠다. 『투암기』니까, 모든 것은 렉라자맨에 대한 것일 수밖에 없다.

40. 문득

 모든 부작용은 그냥 오고 문득 사라진다. 이유는 간명하다. 원래 그렇다. "원래"라는 말 앞에서는 어떤 의문도 무효하다. 원론적인 질문을 계속 잇는 것보다 고개를 끄덕인 뒤 부작용에 대처할 방법을 찾을 수밖에 없다.

 첫 부작용이었던 구내염은 숨바꼭질을 반복하고 있다. 오른쪽 볼에 생겼다가 슬며시 왼쪽 입술로 옮겨가 있다. 동시에, 분신술도 여러 번 쓴다. 입에 생긴 하얀 구멍을 거울로 보고 있으면 심연을 엿보는 기분도 든다. 목이 아니라 저 구멍에서 말이 쏟아졌던 건 아닐까. 구내염은 헤어질 때 따로 인사를 하지 않는 미덕이 있다. 어쩐지 밥맛이 나쁘지 않다 싶으면 구내염이 사라지고 없다. 기뻐하기에는 이르다. 며칠 뒤면 "볼일 좀 보고 오느라구. 너도 하던 일 계속해!" 하면서 나타난다.

주로 팔에 생기던 발진은, 도통 보이지 않는다. 물론 구내염처럼 방심할 수는 없다. "도통 보이지 않는다"를 쓰는 순간 오른쪽 팔뚝을 살펴보니 단풍이 들어 있었다. 발진은 하루 한두 번 정도 훅 올라왔고, 살짝 따가웠다. 광범위하게 올라온 건 한 달 가까이 된 것 같다. 정규군에서 게릴라로 바뀐 모양이다. 계속 발진 상태로 있는 것은 아니니, 일일이 약용 로션을 바르며 대응할 수는 없다. 로션에 스테로이드 성분이 있기 때문이다.

렉라자 부작용의 치료법은, 그때그때 상황에 따라 대응하는 것, 대증요법이다. 심한 것을 줄이는 방식으로 대응한다. 암과 렉라자와 부작용은 삼위일체다. 셋 중 하나를 포기하는 건 내 뜻대로 되지 않는다. 첫 진료 때 받아 온 약은 그야말로 산더미 같았다. 한 보따리에 가까운 약을 들고 오면, 이걸 언제 다 먹을까 싶다. 어떤 약이 무슨 약인지 헷갈려서 처방전을 한참 읽는다. 무슨 약을 어떻게 먹었는지 혼란스럽다. 약만 먹어도 배가 부르다.

얼굴은 안타깝다. 렉라자맨들의 슬픔 중 하나는 여드름이다. 기왕 생길 거라면 엉덩이가 어떨까 싶다. 앉아 있기 힘들려나. 중학생이 된 것 같다. 미노씬을 먹어도 소용없고 로션을 꾸준히 발라도 효과가 없다. 로션을 바르고 나면 순간적으로 얼굴이 깨끗하게 보이기는 하는데, 일종의 화장 효과 같다. 잠깐이지만 기분은 좋다.

　광범위한 피부 항생제인 미노씬을 불신하면서도 오늘 아침에도 두 알을 먹었다(미녹실이 아니다. 미녹실은 탈모약이다). "씬"에 힘을 주면 지금 굉장한 약을 먹고 있는 것 같다. 아침저녁으로 공복 상태에서 복용하게 되어 있는데, 살짝 매스껍다. 식사 한 시간 전 또는 식사 두 시간 후에 먹는다는 것도 쉽지 않다. 공복이라는 것도, 배고픔이라는 것도 문득이라서 그렇다. 뭔가 목에 걸려 있는 느낌도 남는다. 냄새가 좋지 않다. 미노씬을 삼키면 성냥 타고 남은 냄새가 난다. 생일 케이크의 향긋함을 모두 가려버리는 황 냄새가 있다.

　유제품도 피해야 한다. 카페라테와 요거트, 시리얼을 포기한다. 시리얼을 포기하는 건 어렵지 않다. 시리얼을 씹고 있으면 이유 없이 비참한 기분이 들 때가 있어서, 비상식량 개념으로만 먹어왔다. 그런데 괜히 미노씬을 먹으니 우유에 시리얼을 잔뜩 말아먹고 싶었다.
　미노씬은 자외선도 피해야 한다. 광과민 반응이 나타날 수 있다. 다음 생에는 태양열, 태양광 발전으로 태어나야겠다. 광과민 반응도 축복이겠지. 자외선을 차단하려고 선크림을 충분히 바르면 또 트러블이 생긴다. 클렌징오일로 이중 세안을 시도해봤지만 나아지는 것 같진 않다. 세수도 귀찮아서 대충하던 내가 클렌징오일을 쓰게 될 줄은 몰랐다.

외출을 줄였다.

미노씬도 항생제의 일종이라 어느 정도 먹고 나면 며칠 쉬어줘야 한다. 설명서에는 상태가 좋아지더라도 바로 끊지 말고 며칠 더 먹은 후 단약하라고 되어 있는데 호전되지 않으니 어떻게 해야 할지 모르겠다. 호전의 기준이 느껴지지 않는데, 낫지 않아서 그런 것인지 호전된 것이 이 정도라서 그런 것인지 모르겠다. 미노씬은 억울할지도 모르겠다. 나는 최선을 다 했다고! 지금 당신 상태가 이 정도인 것만 해도 나의 노력 덕분이라고! 이보다 더 잘될 수는 없는 거야! 받아들일 것은 받아들이고 좀 살아, 이 렉라자맨아! 병원에 물어도 답은 모호했다. 적절하게 조절해가면서 쓰라는데, 그 조절을 나는 알 수가 없다. 병원에서도 모를 수밖에 없긴 하다. 원래 내 피부 상태를 알고 있는 것은 아니니까. 병원과 약국과 제약회사의 설명이 조금씩 달랐다. 이해할 수 없지만 정말 그렇다.

사실 미노씬의 가장 큰 불만은 아침 커피를 마시기 어렵다는 데 있다. 커피를 금지하지는 않으니 마셔도 되겠지만, 약을 먹은 후에도 한 시간 정도 공복을 유지한 뒤 마셔야 한다. 그래야 공복이 성립하니까. 특히 공복에 미노씬을 먹은 후 다시 한 시간 공복을 가진 뒤 바로 커피를 마시는 건 어쩐지 잘못된 방법 같고, 기껏 미노씬을 먹었는데 커피를 마시면 효과가 없을 것 같고, 아침에 커피를 안 마시면 삶의 즐거움 하나를 잃고, 효과라도 좋았으면 커피의 즐거움을 과감히 포기할 수 있겠지만 꼭 그런 것도 아니니 짜증도 난다.

고작해야 커피라고 말하면 곤란하다. 기쁨 중 하나를 줄여가는 게 렉라자맨의 가장 큰 어려움이다. 살 수 있으니까 이 정도는 어쩔 수 없지 하는 마음으로 하나씩 즐거움을 줄여가다 보면, 고작 살아가는 것 말고는 남는 게 없다. 하나씩 소거하고 나면 살아가는 이유가 빈곤해진다. 즐거움의 총량이라고 해야 할까, 총량의 절반이라고 해야 할까, 그런 것을 다시 채우지 않으면 우울에서 벗어나기 어렵다. 괜히 소소한 것을 권하는 게 아니다.

미노씬의 더 큰 불만은 디자인이다. 흔하게 보는 캡슐 형태인데, 크기는 조금 더 작다. 연노랑과 주홍빛으로 되어 있는데 기묘하게 징그럽다. 어딘가 햇빛도 들지 않는 깊숙한 숲에 사는 양서류 같다. 향도 바람직하지 않다. 약에 향을 따지는 건 배부른 소리 같지만, 미노씬에 대한 불신과 편견과도 무관한 것은 아니지만, 약을 입에 넣고 물을 마시기 전 1, 2초의 시간

동안에도 약은 자신의 향을 내뿜는다. 어딘가 잔혹한 향이 난다. 향은 곧 맛이기도 하다. "나는 약입니다! 약이라구요!" 하고 외치는 약 같은데, 무엇보다 자신을 자랑스럽게 내세우는 종류를 신뢰하지 않는다.

  더 심해지지 않는 걸 다행으로 여긴다. 가장 잘생긴 김학찬의 기간은 너무 짧았다. 렉라자맨이 되기 직전, 렉라자맨이 되고 나서 보름 정도에 불과했다. 하지만 얼굴도 문득, 깨끗해져 있으리라 믿는다. 그렇게 믿고 싶다.
  생기는 데는 이유가 조금, 있다. 최소한 유전자가 변이를 일으켰다는 이유라도 있다. 사라지는 데는 이유가 없다. 이유 없이 사라지기를 바란다. 이제 커피 내리러 가야지.

41. 요리

맨발걷기 다음으로 많은 사람들이 권했던 건 요리였다. 벌써 맨발걷기 열풍은 한풀 꺾인 것 같다. 다음 열풍을 미리 알 수 있다면 어딘가 써먹을 데가 있을 것 같다.

"요리 거의 안 해봤지? 이참에 요리를 배워보는 것도 좋더라."

"네가 해준 제육볶음 정말 맛있었는데. 요즘도 요리해?"

두 사람은 신기하게도 생년월일이 같았고 성별은 달랐다. 당연히 같은 사람에게도 나는 다르게 보일 수 있다. 그리고 제육볶음은 맛있을 수밖에 없었다. 비싸게 사온 것이니까. 하지만 잘 볶는 것도 중요하니까.

많은 렉라자맨들이 요리를 한다. 요리는 여러모로 렉라자맨들에게 어울린다. 집안에서 할 수 있는 일이므로, 외출에 필요한 어려움이 없다. 대체로 뭔가를 만든다는 것은 시간이 잘 가고 흥미 있는 법이다. 뭐가 되었든 태워먹지만 않는다면 생산적인 일이다. 뭔가를 시커멓게 태우는 일은 잘 일어나지 않는다. 그 전에 냄새 때문에 죽을 것 같기 때문이다.

요리는 대승적 차원에서는 정해진 룰을 따르되, 취향껏 세부적인 부분에서는 가필을 할 수 있다는 점에서 공통적이고도 개성적인 활동이기도 하다. 게다가 일반적으로 큰돈이 들지 않는다. 가스레인지나 팬, 냄비가 이미 있기 때문에 별다른 장비 없이 시작할 수 있다. 갑자기 빵을 굽겠다고 비싼 오븐을 산다거나 하는 게 아니라면. 물론 시작할 때부터 압력솥을 새로 살 수도 있겠지만, 압력솥 정도는 투자할 수 있는 영역에 속한다고 치자. 이쯤 되면 렉라자맨은 요리를 하지 않을 이유가 없다.

그렇다면 요리를 잘하느냐 못하느냐의 기준은 무엇인가. 재료를 잘 준비하고 잘 치우는 것까지 요리에 포함된다. 요리의 시작은 장바구니를 들고 나가는 데 있다. 무엇이 필요하고 무엇은 생략해도 되는지 판단할 수 있어야 한다.

가을무를 고를 줄 알고, 매운 양파를 처리할 수 있어야 한다. 요리 실력이 뛰어나다면 아마 상관없겠지만, 여름무를 선택해서 깍두기를 담그는 건 피할 줄 알아야 한다. 특히 요리에 자신이 없을수록 제철 식재료를 사용하는 편이 여러모로 이득이다. 맛도 어느 정도 보장할 수 있고, 가격이 비싸지 않기 때문에 망쳤을 때 한탄도—이럴 거면 사 먹을걸—덜하다. 가장 맛있는 때라서 제철인지, 단지 가격이 싸기 때문에 제철인지도—어류가 이에 속한다—알고 있으면 좋다.

시세를 가늠하고 지나치게 비쌀 경우 대체할 수 있는 다른 무엇을 알고 있어야 한다. 빵이 없으면 고기를 먹으면 좋겠지만. 오이는 대체로 생략 가능하다. 당근은 반드시 생략 가능하다. 한식에서 당근의 역할은 대체로 맛보다는 색에 있는 것 같다. 물론 음식에 있어 색깔은 중요하다. 새까만 음식은 식욕과 거리가 멀고, 렉라자맨의 난관은 식욕이 감소한다는 데 있고, 그럼에도 불구하고 짜장면은 검은색인데도 사랑받으니 대단한 음식이다(?).

마늘은 절대로 생략할 수 없다. 두부조림의 맛은 두부가 아니라 다진 마늘에 있다. 마늘로 생강을 대신할 수는 있지만 이왕이면 생강이 들어가는 편이 낫다. 돼지고기에 생강이 다람쥐꼬리만큼이라도(다람쥐꼬리는 은근히 양이 많다고 할 수도 있지만, 그래도 쥐꼬리라고 쓰는 것보단 다람쥐꼬리가 더 귀엽다) 들어가는 것과 들어가지 않는 것은 큰 차이가 난다. 그런데 생강은 한 번에 많이 쓰지도 않고 손질하기도 귀찮다. 이것은 생강의 운명과도 같아서 거스를 수 없다. 고추 종류는 호환이 잘된다. 매운 것을 잘 못 먹는 나에게는 청양고추 한 움큼보다 꽈리고추 한 다발을 다 쓰기가 훨씬 쉽다. 그냥 고추는 쓸모가 적다.

요리 실력에는 또 뭐가 필요할까. 한 번에 여러 가지 요리를 만드는 데 스트레스를 받지 않아야 한다. 마음가짐이다. 모든 일에 우선 중요한 건 실력보다 태도다.

소갈비찜과 돼지갈비찜을 해봤다. 물론 양념은 사서 썼다. 시판되는 갈비찜 양념은 수많은 박사들과 노하우를 가진 사람들이 자본주의적으로 만들어낸 것이다. 시판되는 양념이 지나치게 "사 먹는 맛"이라면 여기에 조금씩 튜닝을 하면 편하다. 소갈비찜이 돼지갈비찜보다 맛있었는데, 원재료 값도 두 배가 들었다.

각종 장아찌를 담갔다. 오이, 꽈리고추, 양파, 계란 등. 살아 있는 모든 것은 장아찌로 만들 수 있다. 짜고 달고 새콤하고 세균 번식이 어려운 환경에 모조리 담가버리는 것이기 때문에, 장아찌가 될 수 없는 것은 없다. 한번 장아찌 국물을 만들면 어디든지 부어버릴 수 있다. 너무 장아찌들 맛이 비슷해지는 것 같다면, 재료에 따라 설탕이나 식초 비율만 잠깐 바꾸면 다른 맛을 낼 수 있다. 거의 끓일 필요가 없다는 점에서도 간편하다. 모든 "조리"는 사실 장아찌의 변형이 아닐까. 된장찌개도 장아찌, 김치도 장아찌…… 물론 반례도 충분하지만, 장아찌를 담그다보면 어쩐지 장아찌 예찬을 하고 싶어진다. 장아찌야말로 인류가 만들어낸 가장 위대한 발명품이며 마지막까지 존속할 음식처럼 보인다. 단무지 없는 김밥은 존재할 이유가 없다. 김밥이라는 위대한 음식의 이면에는 장아찌가 도사리고 있다. 파스타도 피클이 없다면 한국에 정착하기 어려웠을 것이다. 미국에서는 피자에 피클을 먹지 않는다. 하지만 할라피뇨를 먹는다고 하니까, 할라피뇨 역시 장아찌 아닌가. 괜히 할머니 댁에 온갖 장아찌가 가득한 게 아니다. 장아찌는 우리와 언제까지라도 함께할 것이다.

특히 계란 장아찌……라기보다 장조림이겠지만, 반숙으로 하면 쉽다. 인터넷 반숙 레시피보다 1분 정도 덜 삶으면—내가 찾아본 곳에서는 최소 6분이었고, 나는 그래서 5분을 삶았다—터뜨렸을 때 노른자가 진득하게 흘러내리는 계란 장아찌를 만들 수 있다(계속 장아찌라고 우기겠다). 남은 꽈리고추와 함께 절여두면 느끼한 맛도 잡을 수 있다. 계란 장아찌에 빠져서 계란 두 판을 산 적도 있다.

요리는 경제적으로도 도움이 된다. 부지런히, 맹렬하게 한다면 한끼 식비를 엄청나게 줄일 수 있다. 철칙은 재료를 남기지 않을 것이다. 요리의 가장 큰 적은 재료 손실이니까. 다듬는 것은 좀더 과감하게 해도 괜찮다. 관건은 남는 재료다. 아차 하는 순간 냉장고에서 재료는 "나 이만 썩을게" 하면서 상해버린다. 이상하게도 이런 재료는 하루에 열 번씩 냉장고를 여닫아도 잘 보이지도 않는다. 어떤 재료든 먹어치울 것. 그러려면 이상한 요리가 탄생할 수밖에 없다. 단지 남았다는 이유로 파프리카와 당근이 계란국에 들어가게 된다. 무엇보다 내가 만든 것은 대체로 나는 잘 먹을 수 있다. 자신이 한 음식에 크게 불평하는 경우는 보지 못했다. 파프리카가 몸에 좋다니까. 골고루.

42. **오타**

 오타가 잦다. 의도대로 되지 않는데, 마음이 불분명해서 그럴지도 모른다. 소설을 쓰면서부터 계속 의도와 싸워왔다. 의도 없이는 글을 쓸 수 없지만, 의도만 가지고도 글을 쓸 수 없고, 의도가 지나치면 글이 어색해진다. 비문학적인 글에서 두드러지는 의도는 장점이지만, 아무래도 문학에서 의도는 적절히 숨겨야 한다.

 누가 처음 사용했는지는 몰라도, 비문학이라는 단어는 문학 전공자에게는 굉장히 유리한 도구다. 문학 아닌 것을 몽땅 "비문학"이라는 말로 퉁칠 수 있어서, 비문학의 입장에서는 억울할 것 같다. 하지만 한번 입에 붙은 단어는 좀처럼 힘을 잃지 않는다. 이 단어를 만든 사람은 분명 문학 전공자일 것이다. 여기까지 쓰는 데 다섯 번 오타가 났다. 두 문장당 한 번씩 오타가 나는 셈이다.

문제는 오타보다 건망증에 있을지도 모른다. 키보드를 치면서도 무엇을 쳐야 하는지를 깜빡 잊어버린다. 잠깐, 내가 무슨 말을 하려고 했더라? 하고 듣는 사람에게 오히려 되묻는 것과 비슷하다. 글쓰기는 나와 나의 대화니까, 타이핑이라고 해서 크게 다를 리는 없다. 잠깐, 그래서 내가 지금 뭘 쓰고 있었지?

43. 1일

 매달 1일을 맞이한다는 건, 지난달의 30일이나 31일을 이겨낸 증거다.

 말일이 되면, 한 달이 또 갔다는 생각에 쓸쓸해진다. 렉라자맨으로 맞이한 첫 말일에는, 한 달이 너무 빠르게 지나가서 어이가 없었다. 단지 아프기만 했는데 한 달이 가버리다니. 한 달을 스무 번 쯤 반복하면 "안녕, 그럼 이만" 하게 되어버릴 것 같았다. 달력에는 병원에 다녀온 기록, 매일 저녁 렉라자를 복용하고 붙인 스티커들, 사소하고 소중한 약속들의 흔적이 남아 있다. 그럭저럭 뽈뽈 살았다. 한 달이 갔고, 두 달도 갔고, 이제 세 달이 지났다.

말일을 기쁘게 하는 건, 카드값의 리셋이다. 사실 카드값의 청구 범위가 달라지는 것이지만, 사용한 돈은 아직 청구조차 되지 않았지만, 조삼모사에 익숙한 인간답게 잠깐 행복해한다. 아픈 와중에도 뭔가를 사게 된다. 무소유를 실천하고 있어도 택배는 어쩔 수 없다. 지금 한국에 태어나면 톨스토이도 사람은 무엇으로 사는가라는 질문에 명확하게 "택배"라고 대답할 것이다. 도스토옙스키라면 『죄와 택배』를 쓰겠지. 불편하다는 핑계로 택배 주문이 늘었는데, 재활용품을 내놓을 때가 되면 잠깐 죄책감을 느낀다. 할 수 있는 것까지는, 장바구니를 사용하고 분리를 성의껏 하는 방식으로 지구에게 사죄하며 산다.

카드값은 다음달의 렉라자맨에게 맡기기로 하자. 지나간 걱정은 잊고 밝은 쇼핑의 세계에 몰두하자. 하지만 1일부터 비싼 것을 샀다가는 남은 한 달이 시들해진다. 적어도 6일까지는 물욕을 참아야 한다. 쇼핑과 카드값이라고 하니까 거창한 것 같지만, 대체로 먹을 것을 산다. 엥겔도 나를 보면 가엾게 여길 것이다. 엥겔지수가 70퍼센트에 육박하는데, 당연하다. 쓰던 것을 계속 잘 쓸 수는 있지만 먹은 것을 다시 먹을 재주는 없다. 먹고, 또 먹어야 한다.

렉라자맨은 다른 사람들이 12월 31일과 1월 1일에 느낄 기분을 매달 경험하고 있다. 1일에 떠오르는 태양을 보면서 소원을 빌기도 하고 떠 있는 달을 보며 청탁하기도 한다. 달님, 아까 낮에 해님에게는 아무 말도 하지 않았습니다. 제가 믿는 건 달님인 거 아시지요? 사실 달님에게만 말씀드리는 건데요…… 몇십억 년을 뜨고 졌다는 사실만으로도 해와 달은 존중받아야 마땅하다. 둘 중 하나는 소원을 들어줄 텐데, 한 달의 기준은 "달"이니까 역시 달님에게 부탁하는 게 좋겠다. 해님은 달님보다 바빠 보이기도 하고, 아픈 사람의 마음은 어두운 밤에도 빛나는 달님이 더 잘 이해할 것 같다. 소설을 만드는 것도 해가 아니라 달이니까, 나의 수호신은 달님일 수밖에 없다. 그쵸 달님?

한 달을 1년처럼 살고 싶지는 않다. 부지런히 사는 것도 부질없고, 한 달을 1년처럼 살아봐야 평균수명에는 턱없이 부족하다. 되도록 "평균" 같은 말에 무신경하려고 하지만 불쑥 생각나는 것마저 막을 방법은 없다. "평균", 특히 "평균수명"이라는 말은 하루에도 두 번은 마주치게 된다. 의식하지 못했을 뿐이다.

어제는 건강보험관리공단에서 위암 검사를 받으라는 안내를 받았다. 평균에 따르면, 이제 나는 위암을 조심해야 하는 나이에 접어들었기 때문인데, 이미 렉라자맨이 되었으므로 위암 검사는 의미가 없다. 이미 사소한 전이들이 있다. 주로 폐를 살펴보긴 하지만 6주마다 추적검사를 믿는 수밖에 없다. 추가로 다른 암에도 걸린다면 아무 생각도 나지 않을 것이다. 항복, 체념, 담담 같은 말들을 떠올린다.

    열심히 물렁물렁거리면서 한 달은 한 달처럼 살아야겠다. 툭, 문밖에 택배 떨어지는 소리가 들린다. 잘 익은 열매가 바닥에 착지하는 것 같다. 그런데 어제 뭘 샀더라? 거봐, 어제의 쇼핑을 받는 건 오늘의 렉라자맨이고, 오늘의 지름을 막는 것은 내일의 렉라자맨이라니까. 스스로에게 선물하는 것만큼 소중한 일도 많지 않다. 어제의 나가 오늘의 나를 위해 보내는 작은 선물은 참치 통조림 캔 12개였다.

44. 2일

1일이 있다는 건 2일도 있다는 뜻이다. 3일까지 쓸 생각은 없다. 3일부터는 모든 날과 같기도 하고, 아직 3일까지 우려먹을 정도로 양심이 없지는 않다.

1일의 다짐은 2일이 되면 흐려진다. 1일에 쏟아지는 자동이체, 알림, 오늘만 특가라는 광고도 잊었다. 하루를 넘기는 다짐은, 결심이나 각오라고 부를 만하다. 1일에 본 뉴스도 기억나지 않는다. 뉴스는 정신 및 육체 건강에 해롭고, 특히 렉라자맨에게 뉴스는 치명적인 물질인 것을 안다. 뉴스는 곧 싸우는 소식이고, 어두운 내용이며, 죽음에 대한 것이다. 이제 세상 돌아가는 일을 굳이 알아야 할 필요가 없다. 하지만 이름 그대로 "NEWs"의 공급은 무한하다. 거부하기 쉽지 않다.

날씨 뉴스까지 끝나면 재빨리 전원을 끄는 버릇이 있는데, 잠깐 방심했다가 광고를 봤다. 그동안 고생한 아버지에게 감사한다고, 아버지는 좋은 분이셨다고, 이제 편안하게 쉴 때가 되었다는 따뜻한 내용이었다. 안마기나 보험회사 광고, 최악의 경우 상조회라고 생각했는데 보건복지부의 연명치료 거부 동의 광고였다. 너무나 따뜻한 내용이라 방심하고, 또 당했다. 안 보이던 것을 보게 되었다. 요즘 부쩍 연명치료와 관련된 홍보를 많이 접한다. 정책적인 것인지 내 마음의 문제인지 모르겠다.

언젠가는 연명치료가 더 직접적으로 다가올 때가 올 것이다. 낙관적으로 생각하면 렉라자맨 자체가 연명치료다. 회복이 아니라 악화를 막는 것이고 그것조차 오래가지는 않는다. 조금이라도 덜 고통스럽게, 일상을 잠깐이나마 회복한다는 점에서 렉라자는 훌륭한 약으로 평가받는다. 많은 약이 연명치료에 속한다. 고혈압, 당뇨 등 평생 먹어야 하는 약들이 있으니까. 살아가는 일 자체도 연명치료다. 모든 죽음은 하루하루 연기된 결과니까.

스스로 속이고 있다는 것도 안다. 나의 일을 모든 사람의 일로 치환해버리고, 그렇게 가짜 위안을 찾으려는 마음을 너무 잘 안다. 하지만 자꾸 존엄에 대해 생각하면 견디기 어렵다. 무 던해질 필요가 있다고 스스로에게 주문을 건다. 죽음도 두렵 지만 죽어가는 과정은 더 무섭다. 혼자 할 수 있는 것들이 하나 둘 줄어들고, 돌봐줄 사람이 반드시 필요하고, 동정과 한숨을 서서히 받는 것은 끔찍하다. 그저 다른 사람들보다 일찍 오는 것뿐이라고 생각해도 한번 어두워진 마음은 쉽게 돌아오지 않 는다. "일찍"이라기에는 사오십 년이 짧아서 서운하다. 서운하 다. 할머니 소원이 잘 죽는 것이었던 이유를 이제야 절감한다.

다행히 2일 날씨는 좋다. 우울의 사슬을 날씨가 잠시 끊어 준다. 며칠씩 우울에 빠지는 일이 잦아졌기 때문에 밝아진 구 름이 고맙다. 원래도 날씨의 영향을 많이 받았지만 렉라자맨 이 되고 나서는 부쩍 일기日氣를 바라볼 때가 많다. 몸이 더 예 민해져서, 비가 많이 내리는 날은 움직이기조차 버겁다. 마음 이 더 예민해진 탓도 있다. 게을러서만은 아니다.

최근 일기예보는 엉망이다. 1일에는 비가 온다고 했지만 오 지 않았다. 2일에는 비가 온다고 했지만 하루 종일 맑다. 3일 은 비가 온다고 하는데, 비가 오면 단풍놀이는 정말 끝이다. 애 를 써도 하루 앞을 알기 어려운 건 사람이나 날씨나 마찬가지 다. 하지만 하루 앞을 보려는 노력을 부정할 수는 없다. 날씨를 알려는 노력은 소중한 것이니까.

날씨가 좋아졌으니 라디오를 들으며 요리를 시작한다. 요리에 필요한 건 재료가 아니라 라디오와 의욕이다. 미역국을 끓이고 깍두기를 담갔다. 대용량으로 하는 요리는 적당히 맛을 내면 먹을 수 있어서 좋다. 한참 무를 썰다보면 마음이 맑아진다. 무는 썰릴 만한 단단함을 가졌다. 너무 물러서 슥슥 썰리는 것도 아니고, 힘들게 낑낑거려야 토막 낼 수 있는 것도 아니다. 적당한 힘은 필요하면서도 스윽 잘린다. 할 수 있다면 마음의 단단함은 무를 닮고 싶다. 무른 마음은 스스로 견디기 버겁고 너무 단단한 마음까지는 굳이 갖고 싶지 않다. 무는 대충 썰기도 하고, 작게 썰어야 맛있지 하면서 다시 집중해서 조각조각 자르기도 한다. 남은 무로는 무나물을 볶는다. 아직까지 채를 써는 일은 서툴다.

좋은 날씨를 그냥 보낼 수는 없다. 밤에는 북한강이 보이는 카페에 은행나무를 보러 갔다. 어느 재벌 소유의 별장을 카페로 바꾼 곳이라고 한다. 조만간 재벌이 갖고 있던 다른 장소는 햄버거를 파는 가게로 런칭하겠다는데, 스스로 재벌이라는 단어를 쓰다니 의아했다. 아무래도 재벌이라는 단어가 가치중립적이기는 어려운데. 그래도 어느 재벌인지를 끝내 밝히지 않는 걸 보니 단어에 포함된 함의를 전혀 모르는 것은 아닌가보다.

재벌이라는 단어에서, 나는 삼성이나 엘지보다 「재벌의 후예」라는 소설이 떠오른다. 정말 좋은 소설인데, 아무도 모른다. 같이 국문학을 공부한 사람들에게 혹시 「재벌의 후예」를 아냐고 물으면 모두 고개를 갸웃거렸다. 당연하다. 내가 20년 전 처음 쓴 소설이니까. 나는 그때 쓴 소설을 지금도 갖고 있다.

고등학교 1학년 때 "방과 후 활동"이 도입되었다. 각자 취미나 적성에 도움이 되는 교과 외 수업을 한두 개씩 들을 수 있게 되었는데, 도입 초기니만큼 준비가 잘되었을 리 없다. 지방이었고 보수적인 사립학교였는데도 단순한 보충수업으로 전락하지 않은 걸 보면 신기하다(물론 다음해부터는 다시 보충수업이 되어버렸지만, 그래도 1년은 취지를 살렸으니까).

바둑반1, 바둑반2, 바둑반3이 넘치는 와중에 "소설창작교실"이 개설되었다. 학생들은 아무도 몰랐지만 선생님은 유명하고 열정적인 소설가……였던 건 아니고, 축구반이나 농구반에서 가위바위보로 져서 들어온 학생들에게도 마음 편안하게 놀게 해줘서 나쁘지 않았다. 기억나는 건 하나도 없고, 과제로 패러디 소설 쓰기를 받았을 뿐이다. 교과서에 식민지가 되었으나 여전히 시대착오적인 인물을 그린 「화랑의 후예」가 수

록되어 있었기 때문에 나는 「재벌의 후예」를 썼다. 교과서에 「난장이가 쏘아올린 작은 공」이 있었다면 나는 노동소설을 썼을지도 모른다.

나는 소설창작교실에서 유일하게 과제를 한 학생이었다. 당시 이완용의 후예가 조상의 땅을 되돌려달라고 낸 소송 기사에서 착안했는데, 원고지 28장짜리 짧은 소설이었다. 국어 선생님은 유일하게 과제를 해 온 나에게 감명을 받았고, 다른 선생님들에게도 소설 이야기를 했고, 덕분에 국어 성적이 78점이었던 나는 순식간에 문학 영재가 되었다. 다시 소설을 쓰게 될 때까지는 7, 8년 정도 걸렸다.

재벌의 별장을 한 바퀴 도는데, 거대한 은행나무가 보였다. 유독 이번 가을에는 단풍보다 은행나무가 마음에 박힌다. 수백 년을 사는 은행나무에게 기도했다. 은행나무님, 은행나무님, 살펴주신다면 두 번 다시는 떨어진 은행 열매에서 냄새난다는 불평을 하지 않겠습니다. 알아서 옆으로 조심조심 밟지 않고 비켜 가겠습니다. 한곳에 곱게 모아두거나 양지바른 곳에 한 알씩 묻어, 아니 심겠습니다. 한 번만 도와주세요, 두 번 도와주시면 더 좋구요, 세 번이라면 더할 나위 없이 감사할 따름입니다. 이왕 도와주시는 거, 글 쓰는 일과 출판도 좀, 베스트셀러 한번은 기록해보고 떠나야⋯⋯ 은행나무로도 종이를 만들까? 책 만드는 이야기를 하면 나무가 싫어하려나? 베고, 썰고, 끓이고, 갈고, 부풀리고, 누른 결과물이니 화를 내려나?

45. 문학사

비바람이 분다. 오전 여덟시인데도 시계를 보지 않으면 시간을 알 수 없는 날씨다. 바람 소리에 잠에서 깼다. 모든 사람은 마침내 죽는다. 단순한 사실 앞에서 마음이 어지러울 때면 "한국현대문학사"를 생각한다.

문학 연구는 결국 문학사로 귀결된다. 거대한 틀 안에서는 문학사가 아닌 것이 없고, 문학사 밖을 겨냥하려고 해도 결국 문학사의 일부를 수행하고 있는 자신을 발견하게 된다. 대학생 때 문학사를 배우면, "시기"가 기묘하다. 문학사는 3, 4학년 때 배우는데, 너무 늦다. 1, 2학년 때 배우기에는 아는 게 없다. 아는 게 없으면 그냥 달달 외우게 된다. 누가 언제 태어나서 무슨 동인 활동을 했고 어떤 작품을 썼으며 그 경향은 무엇인데 언제 사망했다는 사실만으로는 학업에 흥미를 느끼기 어렵다.

김동인이 누구인지도 모르는 사람에게 김동인의 「감자」가 왜 주목해야 하는 소설인지를 이해시키기는 어렵다.

「감자」의 줄거리는 단순하다. 평범한 농민의 딸이었던 복녀는 80원에 팔려 시집을 가게 된다. 가난하게 살던 복녀는 송충이를 잡는 인부를 하다가, 감독관과 잠을 자면 일을 하지 않고도 일당을 받을 수 있다는 사실을 알게 된다. 이후 복녀는 주변인들과 돈을 받고 관계를 하는 일을 자연스럽게 여기고, 특히 왕서방과 깊은 관계를 맺게 된다. 그러나 왕서방이 새로운 여자를 데리고 오는 날 질투에 화가 난 복녀는 낫을 들고 왕서방의 집으로 쳐들어갔다가 오히려 죽게 된다. 왕서방은 복녀의 남편과 한방의를 돈으로 매수해 복녀의 죽음을 뇌출혈로 마무리짓는다. 복녀도 자신이 그렇게 죽을지는 몰랐을 것이다.

「감자」의 문제는 기자묘 송충이 사건에서 교환의 가치, 성마저도 교환 가능하다는 자본주의적 질서를 깨닫게 된 복녀가, 의외로 왕서방이 새 여자를 데려올 때 이것에 대한 질투를 느껴, 결국 교환의 질서 밖으로 움직였기 때문에 이 사회에서는 살아가기 어렵다, 그래서 복녀는 죽고 마는 것이다, 비슷한 사례로는 샤일록이 등장하는 『베니스의 상인』을 들 수 있다, 「감자」를 "현대적"인 단편소설의 시초로 보는 이유는 소설의 형식이나 진행 방식보다 이러한 가치관의 변화를 담고 있기 때문이다. 나는 이러한 설명을 즐겁게 했다. 왜 소설이 지금(이제는 아닌가) 중요한 문학 장르인지, 소설이 가진 근본적 특징이 무엇인지를 이야기로 퉁치지 말고, 왜 김동인이 한국문학사에서 중요한 작가인지, 현대문학과 고전문학의 차이는 무엇인지 등을 설명할 수 있기 때문이다. 무엇보다 근대와 교환의 문제를 다루면 학생들이 감탄하는 것이 느껴지기 때문이다. 비록 기말시험에서 복녀의 이름을 복자로 쓰거나, 복녀가 들고 간 도구를 톱으로 쓰거나 하는 학생들은 늘 있었지만.

물론 김동인의 삶에 대해서 한 시간, 작품에 대해서 한 시간, 이렇게 하면 어느 정도 가능하다. 그러나 「감자」도 미리 읽어 와야 하고, 이런 식으로 "진도"가 나가다보면 한 주에 한 작가를 다루면 한 학기에는 열두 명 정도 다룰 수밖에 없다. 열두 명으로 끝내기에 한국문학사는 의외로 풍성하다.

김동인은 1900년 10월 2일에 태어나 1951년 1월 5일에 사망했다. 한국전쟁 중이었다. 그의 시신은 늦게 발견되었다. 2·8독립선언이나 3·1만세운동에도 참여했으나 끝내 친일했다. 그의 이름을 딴 문학상은 논란이 끊이지 않는다. 50년 정도를 살았다.

이광수는 1892년 3월 4일에 태어나 1950년 10월 25일에 사망했다. 김동인보다 먼저 태어나 한 해 먼저 죽었다. 문인이라는 말로는 부족하다. 당대 이광수는 인기 있는 소설가나 저명한 언론가를 넘어, 민족지도자 중 하나였다. 이후 이광수만큼 문인으로서 사회와 정치에 강력한 영향력을 끼친 사람을 나는 알지 못한다. 상해 대한민국 임시정부에도 참여했으나 역시 친일했다. 역시라는 말이 어울리지 않을지도 모른다. 김동인보다 이광수가 선배니까. 해방 후에는 반민특위에도 불려 갔다. 납북되었고, 병사했다고 알려져 있는데 그의 사망에 대해서는 아직도 정확하게 알지는 못한다. 사인死因이 정확하게 밝혀지지 않은 문학사의 작가들은 많다. 죽은 이유에 대해 어떤 이유에서 정확하게 밝히지 않는 작가들도 많다. 분명하지 않은 상황에서, 작가의 개인사를 어떻게든 지켜주고 싶은 후대 연구자들의 마음이 은연중 투영된 것이기도 하다. 어떤 작가를 연구하려면, 기본적으로 그 작가를 내심 사랑할 수밖에 없다. 분명하게 밝혀진 경우가 아니라면 죽은 이유에 대해서는 어물쩍 넘어가는 경우가 흔하다. 여러 이야기가 섞여서 구전되는 경우도 있다. 죽음은 하나인데, 이야기는 다양하다.

어쨌든 환갑은 넘기지 못했다. 이광수나 김동인이나 자신의 죽음을 개연성 있게 다룰 수는 없을 것이다. 극히 일부를 제외하고는 모두가 그렇다. 모든 이야기는 실제보다 한 발 늦게 걷는다.

한국 현대소설의 단편은 김동인이, 장편은 이광수가 열었다(논란의 여지는 있겠다). 그들도 당연히 죽었다. 그들이 지금까지 살아 있다면 조금 오싹할 것 같다. 예전에는 1900년이 고려 건국이나 기원전과 별 다른 것 없는 과거로 느껴졌는데, 지금은 친근하다. 고작해봐야 100년 전의 일인 것이다. 어떤 사람이 오래 살면 100년을 살 수 있다는 점을 떠올려보면, 100년이라는 시간이 그리 길게 느껴지지도 않는다. 눈 한번 깜빡였다 뜨면 1900년에서 현재가 되어 있을 것 같다.

 그래도 둘 다 50년은 넘게 살았다. 너는 이광수나 김동인이 아니니까 더 오래 살지 못했다고 하면 슬프다. 유명해야 오래 사는 것은 아니다. 둘 다 작품은 남았고, 이제 작품의 저작권들도 모두 소멸했다. 작품만 남은 것이 아니라 삶도 남았다. 이광수의 생애는 지금도 끊임없이 연구되고 있다. 김동인 역시 마찬가지다. 나는 내 방식으로 렉라자맨의 생애를 조금이라도 남기고 있다. 그것이 죽을 내가 할 일이다. 지금은.

 갑자기 해가 뜬다. 여전히 안개가 껴서 흐리긴 하지만 갑자기 정확한 낮이 되었다. 해는 이렇게도 뜨는 것이다. 다시 구름이 끼었는지 사방이 어두컴컴하다. 구름 속에서 햇빛이 장엄하게 내리꽂히다가 다시 비바람이 불고 어두워진다. 미친놈이라고 중얼거렸다가 마음을 고쳐먹고 해님 해님, 하고 빌어본다. 날씨가 이상하기 때문에 『투암기』도 이상해질 수 있는 것이다. 다시 한번 말끔하게 쓰려는 욕구를 이겨내고자 마음먹는다.

 참, 「복녀」는 몇 번 영화로 제작되었는데, 그중 하나는 1968년 개봉한 영화 〈감자〉다. 큰 줄거리는 소설과 다르지 않고, 감독은 김승옥이다. 맞다. 「무진기행」 「서울, 1964년 겨울」의 소설가 김승옥의 첫 감독 데뷔작이다. 적어도 이 글을 쓰는 시점에서, 소설가 김승옥은 생존해 있다.

46. 산

나에게는 산이 하나 있다. 산주山主다. 산은 5만 3,590제곱미터로, 1만 6,000평 정도 된다. 이왕 산 하나를 가질 거라면 백두산은 몰라도 치악산 정도는 가지면 좋겠다 싶다(그런데 왜 하필 치악산이 떠올랐을까). 만 평이 넘지만 재산세는 1년에 3만 원도 채 나오지 않는다. 모닝이나 레이 같은 경차를 가지고 있어도 이것보다는 세금이 더 나올 텐데. 도로가 인접하지 않은 맹지라 차에서 내려 잠깐 걸어 들어가야 한다. 과세 대상이나 모양은 산이지만 나무가 없다면 거대한 언덕처럼 보일 것 같다. 나무가 있어서 산이라고 보이는 게 아닐까.

하지만 내 이름으로 된 유일한 땅이기도 하다. 오늘도 산림조합에서는 표고종균 신청 안내가 왔다. 임업직불금 지급대상자에 대한 안내와 종균을 사전 신청할 경우 할인가로 공급한다고, 품종 사진까지 첨부한 문자다. 가끔 세상이 싫어질 때면, 낭창하게 〈나는 자연인이다〉를 볼 때면 산에 들어가서 웅크려 살아볼까 싶어지기도 했다. 렉라자맨이 되고 나서는 〈나는 자연인이다〉를 굳이 보지 않는데, 비슷한 병을 앓은 사람들이 산을 선택한 사례가 많기 때문이다. 표고버섯이 아니라도 키울 것은 많을 테다. 산주의 허락을 받을 필요가 없으니까. 하지만 나는 산이 아니라 도시에서 살고, 도시에서 부지런히 병원에 다니다가 죽을 것이다.

산은 할아버지가 샀다. 할아버지는 10대 때 고아가 되었고, 부지런히 일해서 제일 먼저 산을 샀다. 그 산에 할아버지의 할아버지 할머니1 할머니2, 할아버지의 아버지와 어머니를 모셨다. 산은 그렇게 오랫동안 다섯이 차지했다. 내가 태어나기도 전이었으니까 30년 넘는 시간, 한 세대가 지나갈 때까지 산에는 죽은 사람 다섯만 있었다. 이후 30년 동안은 죽음 하나 없는 평화로운 시절이었다. 50년이 넘는 시간 동안 풀을 베고 절을 하고 다시 풀이 자라는 일을 반복한 산이었다. 여름에는 길이 거의 사라졌다가 가을이 되면 다시 모습을 드러내고, 겨울에는 땅이 얼었다 녹았다를 반복했는데도 풀은 영영 사라지지 않았다. 무덤이 있으므로 풀은 자랐고 무덤이 있으므로 풀은 베어질 수밖에 없었다. 억울한 것은 풀인가, 낫인가를 고민할 때가 있었는데 이제는 안다. 아무도 억울할 것 없는 시절이었을 뿐이다.

증조할아버지 이장 때인가, 지관이 할아버지에게 물었다. 첫번째로 잡은 자리는 할아버지의 자식들이 잘될 자리고, 두번째로 잡은 자리는 손자들이 잘될 자리가 있는데 어느 쪽을 고르겠냐고. 할아버지는 두번째를 선택했고 그것을 늘 자랑스러워했는데, 곰곰이 생각해보면 누가 보기에도 아버지나 삼촌들은 이미 뭔가 잘되기는 어려운 나이였다. 아버지에게는 미안하지만 그때 아버지는 잘되기보다 살던 방식을 유지하는 것만 해도 충분히 버거웠을 것이다. 내가 태어났으니까. 자식을 둔다는 건 그런 일이 아닐까.

이제 겨우 기어다니거나 아직 태어나지도 않은 손자들에게 기대를 걸어보는 것이 당연했다. 두 가지 선택지를 주고 하나를 선택하라는 것도 좋은 방식이었다. 선택지가 사지선다나 오지선다쯤 되었다면 할아버지는 당황했을 것이다. 복잡하게 남겨진 나머지 답안을 두고 고민하거나 후회했을지도 모른다. 할아버지는 진심으로 지관의 말을 믿었다.

할아버지는 자신이 묻힐 곳도 일찍 정했다. 역시 지관을 따로 불렀는데, 자신의 자리에 대해서는 할아버지는 죽을 때까지 함구했다. 조부모 자리가 얼마나 명당인지에 대해서는 명절 때마다 설교하시던 할아버지를 생각하면 의아했다. 할아버지와 지관 사이에 어떤 대화가 오고갔는지는 아버지도 몰랐다. 증조할아버지 바로 아래 자리였다. 할아버지는 표식을 따로 박는 대신 무덤으로 쓸 자리에 난 나무의 수관을 낫으로 찍어뒀다. 표식은 함부로 하지 않는 법이라고 했다. 나무는 천천히 말라 죽었다.

그러나 할아버지 당신보다 아들인 아버지가 먼저 죽을지는 몰랐다. 아버지는 할아버지의 무덤 옆을 먼저 차지했다. 역시 무덤이나 주차나 승진이나 자리는 먼저 와서 차지하는 쪽이 주인이다. 할아버지 자리를 완전히 차지한 것은 아니고, 조금씩 양보한 결과에 가까웠다. 할머니는 할아버지와 아버지 사이에 묻혔다. 아버지 장례식 때 포클레인으로 주변 정리를 싹 했기 때문에 할아버지, 할머니의 무덤은 큰 힘이 들지 않았다. 심지어 할머니 장례식 때 연락한 포클레인 기사는 어디인지 안다며 불평 없이 익숙하게 일했다. 별로 할일이 없다면서 주변 정리까지 서비스로 해줘서 묘목을 심기에 한결 편해졌다. 아버지 때 심어놓은 나무 몇 그루까지 잡목인 줄 알고 날려먹긴 했지만 그 일은 나중에야 알았다. 아버지와 할아버지, 할머니, 작은 할아버지까지 10년 사이에 차례로 죽었다. 그리고 나는 다음 차례를 기다리고 있다.

경상북도 고령군 운수면 팔산리에 있는 작은 산은 이렇게 내 명의가 되었다.

렉라자맨이 된 후 산을 미리 어떻게 처리해둬야 하는가 고민이 생겼다. 나는 자식이 없고, 장손의 가계는 여기서 마감되므로 누군가에게 증여해두어야 한다. 엄마나 누나가 가져가야 하나, 작은삼촌에게 맡겨야 하나? 누나는 싫다고 할 것이다.

엄마가 가져가는 게 맞는데, 하지만 아직 렉라자맨이 된 것을 엄마에게 알리지 않았다. 렉라자맨의 비밀은 누나만 유일하게 알고 있다. 건강이 나빠질 때 증여해도 크게 번거롭지는 않을 것 같다. 사거나 팔 물건도 아니며 가치가 없는 땅이므로 복잡할 일도 없다. 아, 나는 또 "미리"를 생각하고 있다. 이제 미리 할 일은 없고, 미리 하지 않아도 상관없을 일뿐인데.

무엇보다 나는 여기에 묻히고 싶지 않다. 살아서도 같이 살지 않았는데 죽어서 같이 만나면 할말도 없고 어색할 것 같다. 어색하게 이런 대화나 하게 되겠지.

"아버지, 잘 지내셨어요?"

"너는 1년에 한두 번 찾아오지도 않는구나."

"왜, 아버지도 명절 때 할아버지가 빨리 성묘 안 가냐고 쫓아보내면, 삼촌들하고 저 다 올라갈 때 산밑에서 라디오 들으며 노셨잖아요. 할아버지한테는 잘 다녀왔다고 거짓말하시고."

"나야 벌초 때 왔으니까 그렇지."

"너희들 뭐 하니?"(할아버지)

영혼이 있다면 어색해서 싫고, 영혼이 없다면 굳이 모아 묻어서 무엇 할까 싶다. 우리는 모두 당연한 곳으로 되돌아갈 뿐이다. 그리고 꼭 선산이 당연한 곳이 될 필요는 없다. 이곳은 사랑하는 사람들이 오기도 멀고, 교통도 좋지 않다. 무덤은 고사하고 납골당도 원치 않는다. 다시 먼지로 흩어지는 것으로 충분하다. 납골당은 무엇보다 이름부터 마음에 들지 않기 때문이다. 골骨도 싫고, 납納도 싫다. 차라리 전혀 상관없는 고양이당이라면 갈 생각도 있다. 어차피 뜻대로 되지 않겠지만. 살아 있는 사람이 편한 쪽으로 하는 수밖에 없는 것이다. 남아 있는 가족들에게 부탁은 해보겠지만 들어줄 것 같지는 않다. 아마 살아 있는 동안은 그러겠노라고 하고 떠나고 나면 마음대로 해버리겠지. 상관없다. 그때 나는 이미 없으니까.

언젠가 아버지에게 나도 같은 말을 한 적이 있다. 네가 벌초를 할 줄 아느냐 먼 길을 오가겠느냐, 그냥 뿌려라. 너는 낫질 하나 제대로 할 줄 모른다. 아버지, 어차피 돌아가시고 나서는 제 마음대로입니다. 장례식과 관련된 유언은 해도 별 소용 없어요. 그때그때 상황 되는 대로 할게요. 물론 이때 아버지는 전혀 아프지 않았고 너무나 건강할 때였다. 건강할 때라야 이런 농담도 할 수 있는 것이다.

아버지는 최소한 딸과 아들이 있고, 동생과 사촌 동생이 있고, 손자라도 있었고, 무엇보다 할아버지 할머니가 살아 계실 때 돌아가셨으므로 무덤을 만들지 않을 도리와 이유가 없었다. 무덤은 결국 살아 있는 사람들의 몫이니까. 어머니가 있으므로 나도 결국 여기 선산에 묻히게 될까. 아내가 있으므로 나는 선산을 떠나 서울에서 가까운 곳에 봉인될까. 아내가 오가기에는 너무나 먼 거리고, 아내가 계속 나를 기억하지 않기를 진심으로 바란다. 한두 해 슬퍼하는 것으로도 길다. 마음이 건강한 사람이므로 지나치게 슬퍼하지 않고 계속해서 살아갈 수 있기를 바란다. 그것이 아내에 대한 나의 최소한의 사랑이다.

나는 『투암기』에서 아내 이야기를 거의 하지 않고 있다. 아내를 생각하면 『투암기』를 쓸 수가 없다.

47. 연락

렉라자맨이 된 후 가능한 한 연락을 주고받지 않는다. 휴대전화를 꺼두고 며칠에 한 번씩 켜서 필수적인 내용만 확인한다. 꼭 필요할 때만 휴대전화를 켜고 바로 꺼버린다. 필수적인 연락이 아니라면 나는 늘 무음이다. 강의를 그만두면서 사회적으로는 크게 급한 일이 생기려고 해도 생길 수가 없다.

이유는 간명하다. 연락을 하면 안부를 주고받는데, 잘 지내느냐에 질문에 어찌할 바를 모르기 때문이다.

"응, 렉라자맨이 되긴 했어. 렉라자가 뭐냐고? 표적치료제 항암제인데 말야……"

충격을 줄 수는 없다. 친한 사람들에게는 걱정을 끼치고 싶지 않고 친하지 않은 사람에게는 말할 이유가 없다. 아무렇지도 않게 대답하는 건 어쩐지 매순간 거짓말을 하는 느낌이고, 정확하게는 나는 지금 평범한 인사에조차 거짓말을 하고 있구나를 떠올리게 한다. 생각이 너무 많은 것을 일의 필수조건으로 삼는 직업을 선택했으니 이조차 어쩔 수 없다. 몇 명에게 설명했는데, 설명 자체가 반복될수록 길어지고 자세해진다. 어떤 때는 설명에 심취한 나 자신을 발견하고 섬뜩해질 때도 있다. 렉라자맨이라는 정체를 안 상대는 당황한다. 나도, 누군가가 암에 걸렸다는 말을 했을 때 해줄 말이 떠오르지 않아서 난처했던 기억이 있다. 그러고 보니 암에 걸렸다는 말보다는, 암에 걸렸었다는 말을 더 많이 들었던 것 같기도 하다. 지나간 것처럼 말할 수는 있어도 현재진행형인 것을 털어놓기란 좀처럼 쉽지 않은 일이다.

평범한 안부 인사가 이토록 많은 생각을 불러일으키는지 몰랐다. 평범한 일상어는 사실 저마다의 상처를 입힐 것이다. 잘 지내지, 건강하지, 하우 알 유How are you나, 굿모닝Good morning처럼, 의미 없는 인사말에 렉라자맨은 어떻게 대답할지를 고민하게 된다. 어, 그렇지, 그냥 그래라는 말이 어쩐지 목에서도, 손가락 끝에서도 나오지 않는다. 잘 지내느냐는 말에는 의미가 없고 건강하냐는 질문은 물음이 아니라는 걸 알면서도 대답을 머뭇거리게 된다. 어떻게 마음먹어도 렉라자맨이 잘 지낸다고 보기는 어렵다. 아무리 신앙이 독실한 사람이라도 신의 뜻이라고 감사히 받아들이기는 어려울 것이다. 도저히 잘 지내느냐는 말에 대답하기 어렵기 때문에 연락 자체를 줄였다.

고립은 어렵지 않다.

필수적인 연락에는 안부가 없다. 기계적인 일은 여전히 처리하고 있다. 기계적인 일조차 하지 않으면 살아갈 수가 없으므로 이건 선택의 문제가 아니다. 렉라자맨의 비밀을 아는 사람의 안부에는 답을 한다. 답을 하지 않으면 그들은 걱정할 것이다. 그들의 안부는 고맙고, 귀찮고, 괜히 알렸다 싶고, 간절하고, 미안하다. 더 폐를 끼칠 수는 없다. 이미 진실을 알린 걸로도 충분히 미안하고 후회하고 있다.

유일하게 누나만 마치 내가 렉라자맨이 아닌 것처럼 연락한다. 처음을 제외하면, 누나는 내가 말할 때까지 병세를 묻지 않는다. 여전히 일상 이야기를 하고 조카 사진을 보내온다. 그러나 누나는 만날 때면 아무 일도 하지 않게 하고 헤어질 때면 한번 안고 사라진다. 병원 검진 결과를 알리면, 아직까지는 더 나쁜 소식은 아니므로, 누나는 운다. 누나에게만, 고충을 털어놓는다. 미안하지만 한두 사람에게는 말할 수밖에 없다. 정말 아무와도 이야기하지 않고 버틸 수는 없는 것이다.

48. 추위

추위가 밀려온다. 실내온도가 20도 미만으로 내려갔다. 새벽이면 머리가 시려서 이불 속에 파고 들어간다. 도롱이 같다. 여름에 시작한 렉라자맨은 가을을 넘기고 겨울 앞에 서 있다. 어제는 입동이었다. 문득 렉라자맨이 된 지 며칠이나 지났는지를 세어보다가 100일은 분명 넘었다는 것만 확인하고 생각을 멈췄다. 간단하게 휴대전화에 D-DAY 기능을 쓰거나 할 수 있지만 어쩐지 날짜를 세는 것은 불길하게 느껴진다. 나쁜 일을 하루하루 계산할 수는 없다…… 렉라자맨은 축복인가, 저주인가. 살 수 있으니 축복인가, 천천히 죽어가므로 저주인가.

아직도 잘 모르겠다.

손이 시리다. 아직까지 11월이므로 보일러를 틀기 망설여진다. 옷을 하나 더 입으면 낮은 충분히 지낼 수 있다. 어느새 모든 것을 "아끼려는" 습관이 생겼다. 아직까지 말처럼 절약이 쉽게 되지 않는다. 무심코 하는 행동이 더 많다. 켜진 불도 예전보다 더 열심히 끄고, 사용하지 않는 전원은 찾아내서 끈다. 뭔가를 켜는 것은 무의식적으로 이루어지지만, 끄는 것은 확실히 의식적이고 수고로운 노동을 감당해야 한다. 전기를 아끼는 것과 태어나고 죽는 것이 크게 다르지 않다는 생각이 들었다가 픽 웃었다.

생활에서 가장 전기를 많이 쓰는 건, 아마도 음악일 것이다. 조용한 것이 싫어서 뭔가를 배경음악으로 항상 틀어두거나, 그것도 아니라면 이어플러그로 아예 귀를 막아버리고 절대적 고요를 택한다. 지금 생활에서는 소리를 만드는 데 가장 전기가 많이 든다. 소리는, 음악은 재생되는 그 시간만 존재하고 끄는 순간 흔적도 없이 사라지기 때문에 좋다. 머물렀다 간 흔적을 남기지 않는다.

이어폰과 스피커와 텔레비전으로 음악을 들을 수 있다면, 가능한 한 이어폰을 선택한다. 아마 가장 전력 소모가 적은 방식일 것이다. 이어폰으로 음악을 들으면 스피커의 1/10, 텔레비전의 1/20쯤 되는 전력만 필요하지 않을까. 청소를 하거나 이리저리 돌아다녀도 가장 잘 들리는 방식이기도 하다. 전기장판은 미리 꺼내서 깔았다. 추우면 전기장판 위에 누워서 가장 강한 온도로 올린다. 타버릴 듯한 정기장판은 여전히 포기하기 어렵다. 오 분 후면 끙끙거리다 이불 위로 올라오게 되지만. 전기장판의 유일한 단점은 낮잠이 잘 온다는 것인데, 사실 낮잠은 여름부터 잤으니 꼭 전기장판 탓을 하기는 미안하다. 전기장판은 죄가 없다. 물론 나도 죄가 없다. 나쁜 일을 볼 때마다 사람들이 암에 걸릴 것 같다느니, 암에 걸렸으면 좋겠다고 말하는 것과 달리 렉라자맨은 죄가 많아서 되는 게 아니다.

 입동이 되면 아침 날씨가 확연히 달라진다. 입동의 아침은 아무리 밝아도 어둡다. 아침만 보고도 겨울이라는 것을 알 수 있는 밝기의 아침이다. 날씨가 좋은 날은, 아홉시를 넘기면 햇빛이 든다. 이때의 햇빛을 부지런히 모아두고 싶다. 커튼을 걷어 최대한 집안에 햇빛이 많이 축적되기를 바란다. 하지만 창가에 가까이 다가가지는 않는다. 이제는 자외선이 무섭고 집안에서 선크림을 바르고 있고 싶지는 않다. 당연히 피부도 고민이고, 선크림 가격도 문제다.

 세시가 되면 겨울의 오후라는 게 느껴진다. 여전히 밝지만 어두움과 차가움이 섞여 있다. 해는 빨리 진다. 다섯시만 넘어도 어둑해지고 여섯시가 되면 완전한 밤 같다. 사실일지는 모르겠는데, 겨울의 해는 유독 넘어가는 순간조차 빠르다. 이만, 겨울이니까 해도 빨리 퇴근해야지, 너희들도 빨리 집에 좀 가라고 하는 것 같다.

 아직까지 진짜 추위는 오지도 않았다. 대관령이나 철원 같은 곳에서 영하의 기온이 나타났다거나, 첫눈이 내렸다거나, 얼음이 얼었다는 소식이 들리지만, 진짜 추위는 이제야 몸을 풀고 있을 것이다. 추위를 만나는 일은 반갑지 않지만 여름과 비교해서 생각하면 고민이 된다. 그래도 더운 것보다는 추운 편이 피부나 발진에는 좋을 것 같고, 손끝저림에는 추위가 불리할 것 같다. 구내염에는 마찬가지겠지. 겨울에는 귤이 싸니까 구내염에 도움이 될까. 사실 이미 귤을 한 박스 먹어치웠다. 노지 감귤이 저렴하게 나왔길래 잽싸게 샀다. 다행히 귤은 괜찮았다. 한 박스씩 산 귤이 맛없다는 건, 그 귤을 모두 먹어치울 때까지 서러운 것이다.

   추위가 진짜 달갑지 않은 이유는 물론 렉라자맨이기 때문이다. 여름에 렉라자맨이 되었는데 벌써 겨울이라는 것은 남은 시간이 줄어든다는 사실을 느낄 수 있는 것. 이러다가 봄이 오는 것도 꼭 반갑지는 않으려나. 그래도 이때까지 겨울에서 봄으로 넘어갈 때는 언제나 기분 좋은 두근거림이 있었는데. 그러거나 말거나 여전히 시간은 공평하게, 같은 속도로 흐른다.

49. 체중

 나는 빼빼로와 동갑이므로, 친구다. 친구를 좋아하는 데 별다른 이유는 없다. 롯데의 후원도 받지 않았다(물론 사양할 이유도 없다). 빼빼로데이가 롯데의 전략이라는 소문이 있지만 사실 부산의 중학교에서 자생적으로 발생한 것이다. 물론 기업들이 빼빼로데이를 상업적으로 활용하지 않는 것도 아니다. 모든 것은 자연 발생하고, 인공적으로 가공된다. 굳이 자연과 인공 사이의 우위를 결정하려고 애쓸 필요는 없다.

 새우깡이나 자갈치가 대부분이던 시절 빼빼로는 유일하게 길쭉하게 생긴 특별한 과자였다. 외형이 다르니 먹는 방식도 달랐다. 와작와작 씹어 먹는 게 아니라 똑똑 입술로 부러뜨려 먹을 수 있다는 건 빼빼로만이 가진 특권이었다. 무엇보다 빼빼로만큼 천천히 먹을 수 있는 과자는 없었다. 빨리 먹으면 빼빼로 막대로 입천장을 찌르게 되니까. 네모난 종이갑에 든 것도 유혹적이었다. 어렸을 때는 모든 직사각형에 끌렸다. 쓸모와 무관하게 네모난 모양이 마음에 들었다. 하지만 책에는 끌리지 않았으니 그것도 또 신기하다. 본능적으로 책은 가까이 하면 위험한 물건으로 느꼈던 모양이다. 블록 대용으로, 쌓는 용도로 책을 활용하긴 했다.

나도 빼빼로처럼 빼빼 말랐다. 초등학교 1학년 때 몸무게는 18킬로그램, 2학년 때는 19킬로그램이었다. 3학년이 되어서야 22킬로그램으로 앞자리가 바뀌었다. 초등학교 3학년 "평균" 몸무게가 30~35킬로그램이란 걸 생각하면, 부모님이 아동학대를 의심받아도 어쩔 수 없겠다. "빼빼하다"라는 단어가 잘 쓰이지 않는 것 같은데, 당시 우리 동네에서는 "빼빼 말랐다"는 말을 흔하게 썼다. "빼빼하다"는 형용사로는 "살가죽이 쪼그라져 붙을 만큼 야윈 상태에 있다"이고, 동사로는 "어린아이가 듣기 싫게 계속 울다"라는 뜻을 가진다. 야윈 상태면서 눈물도 많았으니 빼빼하다는 말처럼 나를 잘 표현하는 단어도 없었다.

어느 날 퇴근하던 아버지는 두 아이가 학교 정문 앞에서 싸우고 있는 모습을 봤다. 별생각 없이 말리러 갔던 아버지는 책가방을 둘러메고 싸우는 18킬로그램짜리 아이를 봤다. 아버지는 싸운 이유보다 왜 싸우면서 힘들게 책가방을 메고 싸우는지가 궁금했다. 아이는 체중이 너무 가벼우니 책가방이라도 메야 급이 맞지 않겠느냐고 대답했다. 아버지는 말없이 빼빼로를 사주고 본인은 담배를 물었다. 아버지는 자신의 아들이 어딘가 모자라다는 것을 인정할 수밖에 없었다.

 부모님은 개미를 입에 넣는 걸 제외하면, 모든 걸 허용했다. 할머니는 손자가 먹기만 하겠다면 날아가는 꿩이라도 잡겠다고 입버릇처럼 말씀하시다가 마침내 꿩 사냥에 성공하기도 했다. 하지만 콩에 "싸이나"라는 맹독성 농약을 섞어서 잡은 것이라 걱정이 되셨는지 먹이지는 못하셨다. 동네 할머니들은 살코기만 조심스럽게 먹이면 된다고 했지만, 자칫하면 렉라자맨이 돼보지도 못할 뻔했다. 한 귀로 듣고 한 귀로 흘리는 것, 그것이 고향에서 살아남는 방법이었던 모양이다. 늦었지만 꿩의 명복을 빈다.

 시작은 미약하나 끝은 창대하다. 그런 아이도 커서는 주기적으로 다이어트에 도전하고 실패해왔으니 어떻게든 알아서 큰다는 옛말은 진실일지도 모른다. 고백하자면, 시작이 미약하지는 않았다. 임신한 엄마를 두고 동네 할머니들은 뱃속에 쌍둥이가 들었을 거라고 내기했다. 나는 우량아였지만, 또 우량아 선발 대회에 나갈 정도의 우량아는 되지 못한 채, 우량하게 태어나서 비루하고 비대하게 자랐다가 다시 말라가는 렉라자맨이 되었다. 체중 관리를 부지런히 한 덕에 더이상 살이 빠지지는 않는다. 오히려 찐 살을 고민해야 할 정도다. 정확하게 69.1킬로그램과 70.2킬로그램 사이를 오가고 있다. 빼빼로데이에 썼다.

50. 꿈

또 강의하는 꿈을 꿨다.

꿈에 의미를 부여하지는 않는다. 거의 매일이라고 해도 좋을 만큼 꿈을 꾸기 때문이다. 어렸을 때부터 그랬다. 어렸을 때부터 늘 꿈을 꾸는 소년이었다. 대체로 허황된 꿈을 꾼다는 문제는 있지만, 어렸을 때니까 그렇다 치자(지금도 그런 건, 아직 소년 같은 감수성을 간직하고 있다고 해버리자).

꿈이 미래를 보여줄 리는 없다. 겨우 꿈이 알 정도로 미래는 녹록한 존재가 아니다. 미래는 누구보다 자신을 꽁꽁 숨기고 싶어한다. 꿈은 엿볼 수 없는 미래 대신, 현재와 과거를 적절히 섞어서 제공한다. 꿈은 "지금"의 나를 가장 진솔하게 반영하고 있다. 그렇다고 꿈에서 당신은 파인애플을 먹었으니까 무의식적으로 파인애플을 바라고 있는 것이라는 말 따위를 하려는 건 아니다. 꿈이라는 책도 결국 현재의 나 자신과 겹쳐서 읽는 도리밖에 없다는 것이다. 무엇보다 꿈은 오직 나만 읽을 수 있는 책이다. 어떤 유능한 사람에게 꿈 이야기를 상세하게 해주더라도, 그 사람은 나의 꿈을 한 번도 제대로 본 적 없는 사람이다. 꿈의 의미를 풀고 이해하기 위해서는 오직 나만이 필요하다.

꿈에서 나는 모 교대 강의를 하고 있었다. 교대에서는 한 번도 강의를 해본 적이 없고, 당연히 한 번도 나가본 적 없는 대학이다. 교대는 안에 들어가본 적도 20년 전에 딱 한 번, 친구 만나러 가본 게 전부다. 교대는 늘 지하철역 이름으로만 남아 있는데 왜 하필 교대 강의일까.

강의는 뜻대로 되지 않았고, 무엇보다 수강생이 너무 많았다. 강의를 진행하다보니 이상하게 출석부도 제대로 정렬되어 있지 않아서 나는 결국 강의실을 돌아다니며 한 명 한 명 수강생을 세기 시작했다. 그사이 자고 있는 수강생이 있었는데, 등 위에 손을 살짝 얹어 숫자를 세는 척하면서 깨우기도 했다. 60명이라는 사실을 알게 된 후 다시 수업을 진행하는데, 어떤 학생이 조 짜는 것을 잊었다고 말했다. 왜 조를 짜야 하냐고 물으니 교대에서는 원래 그렇게 한다는 것이다. 그럼 조를 어떻게 짤까요, 하고 고민하다보니 갑자기 부하가 밀려왔다. 강의가 뭔가 계획대로 진행되지 않는 것이다. 그제서야 나는 자기소개를 하고, 한 학기 강의계획을 설명하기 시작했다. 여러분,

별수없군요. 오늘은 충실하게 강의계획서를 전달하는 데 목적을 두겠습니다. 학생들은 환호했다. 여기까지였다.

 꿈을 읽어보자. 첫째, 나는 학생의 몸에 손을 대지 않는다. 성별과 무관하게 접촉을 꺼린다. 성적인 문제라거나 결벽증 때문이 아니다. 물론 학생과 불필요한 오해를 생각하지 않는 것은 아니며, 결벽증이 없다고도 하기 어렵지만, 무엇보다 나는 누군가와 닿으면 당황해버리고, 스킨십을 자연스럽게 하지 못하기 때문이다. 자연스럽게 타인의 온도나 맥동을 듣는 일에 서투르다. 가끔은 타인이 문제가 아니라 나 스스로의 체온이나 심장 소리에도 당황할 때가 있으니, 꿈틀거리는 것을 대하는 게 서투르다고 할 수밖에 없겠다. 우연히 고양이를 처음 안았을 때도, 고양이의 심장이 뛰는 느낌에, 온몸에 피가 도는 소리에 어쩔 줄 몰랐던 적이 있다.

 둘째, 나는 대학생에게는 자는 것도 선택이라고 믿는다. 물론 수업을 지나치게 방해하지 않는 선에서만. 어느 정도 자는 것이 수업 방해라는 기준은 없다. 출석이나 성적 같은 것이 아니라면, 살아 있는 수업에서는 이런 것까지 기준을 그어놓고 기계적으로 적용하고 싶지 않다. 대놓고 나는 잘 테니 당신은 떠드시오, 하는 정도만 아니라면 잘 수도 있다고 생각한다. 피곤했으니 자는 것, 잠이 오니까 자는 것이다. 설사 깨우게 되더라도 깨우는 것이 학생을 곤란하게 하지 않도록 애쓴다. 한두 명은 언제나 졸 수 있다. 그 이상 자는 것은 수업 시간표나 내

수업의 문제다. 점심시간 직후 수업에서는 안 졸 수가 없으니까. 가끔은 강의를 하는 나조차 잠깐 졸았던 게 아닐까 의심이 될 때도 있는데 뭐. 많은 학생들이 졸려하면 잠깐 쉬어간다. 그런데 내가 누군가의 등에 손을 대고 수강생 숫자를 확인하면서 깨웠다는 것은 기실 누군가를 간절히 만나고 싶다는 뜻이다, 정도로는 해석하고 싶지 않은데 지금은 다른 생각이 나지 않는다.

셋째, 정렬되지 않은 출석부는 본 적이 없다. 이때까지 내가 강의한 대학은 일곱 군데쯤 되는데, 여전히 화이트보드가 아닌 칠판이라거나 칠판임에도 불구하고 분필도 없다거나 한 학기에 한 번도 청소를 하지 않아서 쉬는 시간에 내가 강단 주변의 먼지를 닦아낸 대학은 있어도 출석부가 무작위로 나오는 대학은 없었다. 수강생 숫자를 세고 나서야 알게 되었다는 것도, 분명히 첫 수업인데도 불구하고 강의를 진행했다는 것도 마찬가지다. 나는 반드시 첫날은 오리엔테이션을 하고 진도를 나가지 않는다. 대신 한 학기 강의계획에 대해 꼼꼼하게 설명한다. 강의 목적은 무엇이며 무엇을 가르칠 것이며 진행 방식과 평가에 대해서 최대한 자세하게 설명한다. 물론 아무리 자세하게 설명해도 학생들은 다음 시간에 그래서 중간고사는 보냐고 물을 게 확실하지만, 그런 것도 충분히 받아들일 수 있다. 모든 학생들이 설명을 정확하게 듣는다는 건 불가능하고, 만약 그렇게 된다면 오히려 그 상황이 공포스러운 것이다. 무엇보다 적절히 일찍 끝내는 미덕을 잊지 않는다. 일찍 끝내는 대신 한 학기 강의계획 안내를 열심히 들으라고 한다. 그런데 꿈조차 역순으로 이루어져 있다. 연어처럼 거꾸로 되돌아가고 있다. 아, 문득 연어가 먹고 싶다. 렉라자맨이 된 후 연어를 한 번도 먹은 적이 없다. 회를 금지하는 건 아니지만 아무래도 피하는 것이 좋다는 병원 안내가 마음에 걸려서, 소심한 렉라자맨은 회를 거의 먹지 않는다. 하지만 연어는 노르웨이산 양식이니까 괜찮을 것이다. 이왕이면 연어 중에서도 다시마로 숙성된 녀석을, 그것도 꼬리보다는 조금 더 기름진 몸뱃살 위주로 먹고 싶다. 연어를 먹을 시간도, 연어를 먹고 싶다고 느끼는 날도 그리 여유 있을 것 같지는 않다.

렉라자맨이 된 후 과거의 꿈을 많이 꾼다. 불쑥 20년 전 허무하게 연락이 끊긴 친구가 나타나기도 한다. 다행히 돌아가신 할아버지 할머니가 나타나지 않는 걸 보니 지금 당장 데리러 오실 생각은 없나보다. 할아버지 할머니가 나를 사랑했던 건 잘 알고 있지만, 부디 할아버지 할머니가 나를 잊고 있으면 좋겠다. 한 30년 후에 문득 아, 우리 손자가 있었지 하면서 꾸물꾸물 천천히 움직이시는 것까지는 말리지 않겠다. 30년이 아니라 50년이라도 나쁠 건 없다.

나조차 잊고 있었던 것을 만나는 것은 즐거운 일이었지만, 한때는 과거의 꿈을 너무 많이 꿔서, 어쩐지 이러면 안 된다는 생각이 들어 불면증에 걸릴 뻔한 적도 있다. 심지어 입원했을 때 꿨던 꿈은 모조리 수십 년 전에 있었던 일로, 깨어나서는 그런 일이 있었던 것인지 아닌지 한참 따져보아야 할 정도였다. 정말 사람이 갈 때가 되면 옛날 생각이 나는 건가 싶어서 의도적으로 옛 기억은 떠올리지 않으려고 했다. 퇴원하고 나서는 강렬한 과거 꿈은 줄어들긴 했는데, 그래도 렉라자맨이 되기 전보다는 확실히 옛날 일을 자주 떠올리는 모양이다.

아침부터 꿈 이야기를 길게 하고 있다. 그만큼 어젯밤의 꿈은 강렬했다. 일곱시 삼십분, 태양이 장엄하게 떠올라 있다. 사진을 찍으려다가 태양에게 동의도 구하지 않았다는 생각에 접었다.

교실에 내가 앉아 있기도 하다. 내가 나의 강의를 수강하고 있다.

51. 검사

렉라자맨이 되기 위한 관문은 많았다. 거미에 한번 물리거나 방사능에 잠깐 노출되면 끝나는 영화와 달리 현실의 렉라자맨은 여러 가지 실증적인 검사를 거쳐야 했다. 병원에서는 하나씩, 단계별로, 빠르게 몸 상태를 점검했다. 하루에 보통 두세 개의 검사가 있었는데, 세 시간 또는 여섯 시간 정도 금식을 해야 하는 검사도 있었지만 입맛이 없었기 때문에 금식이 제일 쉬웠다. 목도 마르지 않았다. 대부분의 검사는 순조로웠다. 아, 폐활량 검사는 힘들었다. 기침 때문에 일정 수치가 나오지 않아 계속 다시 시도하느라 한참이 걸렸다. 호스에 대고 바람을 부는 것이 힘든 일인 줄 몰랐다.

렉라자맨이 되기 위한 가장 힘든 테스트는 조직검사였다.

렉라자맨이 되기 위해서는 특별한 유전자 검사가 필요하다. 표적치료제를 쓸 수 있는 해당 유전자가 있는지 아는 방법은 직접 조직을 떼어내는 것이다. 이 유전자를 조직검사를 통해 채취, 확인했다.

처음으로 침대에 누워서 검사실에 들어갔다. 병원에서는 검사마다 걸어서 갈 것인지 휠체어를 타고 갈 것인지 선택하게 하는데, 다른 검사는 모두 걸어서 갔다. 아직까지는 걸을 수 있으니까. 조직검사는 선택이 불가능했는데, 알고 보니 검사가 끝난 후에 정신이 없는 나를 다시 타고 왔던 침대에 태워서 병실로 올려보내기 때문이었다.

검사실에서는 몸을 결박했는데, 왜 이렇게까지 꽁꽁 묶는지는 검사가 끝나갈 때 미리 마취 상태에서 깨는 바람에 알 수 있었다. 검사실이라기보다는 수술실에 가까운 모습이었고, 나는 한 번도 수술을 받아본 적이 없기 때문에 마치 영화 세트장에 들어와 있는 것 같았다. 강렬한 소독약 냄새를 기대했지만 아무 냄새도 느끼지 못했다. 하나 둘 셋을 했는지는 기억이 나지 않는다. 산소마스크 같은 것을 씌웠던 기억은 있고, 다음 기억은 고통스러워서 몸부림치고 있는 나를 누군가가 누르면서 다 끝나가니까 조금만 더 참으라는 목소리였다. 토할 것 같은데 뭔가가 내 몸을 후벼파면서 동시에 누르고 있고, 미처 빠져

나가지 못하는 비명이 다시 내 장기 속으로 울리는 느낌이었다. 통증의 문제가 아니었다. 정말 조직을 "떼어내는" 모양이었다. 핀셋 같은 것으로 톡 뗀다고 생각했는데 그게 아닌가보다. 한참 몸부림을 쳤고, 달래듯이 이제 다 끝났다고 잘했다는 말이 있었고, 다음은 기억나지 않는다. 깜빡깜빡, 정신이 들었다가 나갔다가 한 모양이다. 병실로 돌아와서는 괜찮다고 중얼거리다 다시 잤다고 한다. 이 부분은 기억나지 않는다. 마치 꿈에서 다른 꿈으로 넘어가는 것처럼, 자연스럽게 이 부분만 삭제가 되어 있는데 곰곰이 생각하면 뭔가 떠오를 것 같으면서도 결국은 백지 상태인, 그런 기억으로 남았다.

앞으로 조직검사도 몇 번을 더 하게 될 것이다. 렉라자맨 생활이 잘되고 있는지를 검사할 때, 렉라자맨으로서 활동이 끝났을 때, 새로운 표적치료제로 다른 '-맨'이 될 수 있는지 확인할 때 등등. 조직검사를 할 수 있다는 건 아직까지 가능한 치료 방법이 남았다는 뜻이다. 아버지가 처음 병원에 갔을 때, 그 대학 병원 의사는 이렇게 물었다. "뭘 어떻게 해드릴까요?" 처음에는 무슨 말인지 몰랐는데, 의사는 늦었다고, 할 수 있는 것이 아무것도 없다고 했다. 아버지는 별다른 검사도 해보지 못했다. 임상중인 약을 쓸 수 있을지 확인하기 위해 피검사 정도를 했던 것이 전부였다.

52. 야구

LG트윈스가 29년 만에 한국시리즈 우승을 했다. 나는 LG트윈스를 응원하지 않는다. 지금은 어느 팀도 응원하지 않는다. 야구를 포기한 지 이미 몇 년이 지났다. 야구는 이겨도 져도 정신건강에 해롭다. 간신히 이길 경우 긴장 때문에 스트레스가 생긴다. 안타깝게 진 경우 물론 화가 난다. 이렇게까지 하고 졌으니까. 크게 이기면 진작 이렇게 하지 하면서 화가 난다. 크게 지면 말할 것도 없다. 당장 팀 해산하고 감독 바꿔라, 라는 말이 나온다. 심지어 야구는 일주일에 6일이나 한다. 정신건강에 좋을 수가 없다.

그래도 한국시리즈는 가끔 봤는데, 29년 만에 우승을 한 팀을 보고 있으니 살아생전 LG트윈스의 우승을 또 볼 수 있을까? 하는 생각이 들었다. 29년을 더 살면 가능하다. 물론 LG트윈스의 우승은 렉라자맨이 아니더라도 살아생전에 반드시 보리라고 장담하기 어려운 것이기도 하다. 물론 LG트윈스의 우승을 축하한다. 이제 더 자주 우승하기를 바란다.

외래를 갔다. 외래 전날의 불안은 어찌할 수가 없다. 지난번 외래 때는 이상하게 피검사 줄이 길어서 삼십 분을 서서 기다려야 했다. 피 뽑는 광경을 삼십 분쯤 보고 있으면 정작 채혈을 시작하기도 전에 모든 것을 자포자기하고 싶은 마음이 된다. 이번 외래는 이상하게 사람이 없어서 접수와 동시에 채혈대에 앉았다. 너무 빨리 채혈대에 앉으면 마음의 준비가 되지 않는데.

"환자분, 고개만 돌리세요. 몸까지 돌아가면 채혈하기 힘들어요."

주삿바늘을 바라보지 못하는 나는 몸까지 왼쪽으로 크게 틀었던 모양이다. 이렇게 하나 더 알게 되는 게 있다. 반대로 말하면 이때까지 이런 주의사항까지 들은 적은 없으니 기실 주사공포증이 심한 건 아니지 않을까. 정말 주사공포증이 있다면 이미 기절했겠지. 어느 정도 견딜 수 있는 만큼 살아가는 모양이다……와 같은 교훈은 역시 정중히 사양한다. 그냥 이때까지 몰랐을 뿐이다. 엄살이 심해졌거나.

장례식장 앞 카페에 앉았다. 책을 가져왔지만 50쪽 정도 읽으니 더이상 볼 수가 없었다. 상주들이 오가는 걸 보며, 쓰기로 한 단편소설을 머릿속으로 구상했다. 멍하게 허공을 바라보고 있으니 옆에서 자꾸 힐끔거렸다. 연필을 깜빡 잊는 바람에 어쩔 수 없이 상상에만 의존하고 있습니다, 해명을 하려다가 그만뒀다. 나를 보고 있는 게 아닐 것이다.

"괜찮네요. 하고 싶은 것 하면서 살아도 되겠어요."

주치의의 말은 이해하기 어렵다. 괜찮다는 단어의 범위를 짐작하기 어렵고 하고 싶은 것을 하라는 말의 진의를 파악하기 쉽지 않다. 주치의는 무표정한 편인데, 가끔 웃는다. 주치의의 웃음이 가장 마음을 편하게 한다. 결과와 달리 준비해 온 질문이 있어서 손을 들었다.

"저, 선생님, 열흘에 맥주 한 잔만 먹어도 될까요?"

"음, 혹시 환자분 가족에게 물어봤어요?"

"네?"

"가족이 그 사실을 알면 뭐라고 할까요?"

"글쎄요?"

"가족이 알면 슬플 것 같죠? 그러니까 마시려면 몰래 마셔요. 들키지 말고."

병원을 나오며 기쁘기도 했고 슬프기도 했다. 물론 맥주를 마실 용기는 아직 없다. 마셔도 한 잔 이상 마실 각오는 서 있지 않다. 의사도 알고 대답하는 모양이다. 환자의 삶의 질을 위해서일 수도 있다. 맥주를 마셔도 된다는 건, 맥주를 마시나 안 마시나 어차피 사는 것과 무관하기 때문일 수도 있다. 좋아하는 것을 아무것도 하지 못하고 치료만 받다가 떠나는 것은, 의미를 잃는 일이다. 고통받으면서도 하고 싶은 것을 해야 한다. 환자가 아니라도 마찬가지가 아닌가. 하고 싶은 일에는 늘 대가가 따른다. 고통스러운 경우도 있고 참아야 되는 일도 있고 뭔가를 희생해야 할 때도 있다. 알쏭달쏭한 상태에서 약을 타서 집으로 돌아왔다. 그래서 무슨 맥주를 마실까. 신중하게 하나만 골라서 반잔만 마셔야겠는데.

53. 추위

　북극에 가지 않아도 깨끗한 공기를 마시게 되었다. 영하 14도, 체감온도는 영하 20도를 넘나든다. 렉라자맨이 아니더라도 폐가 얼어붙는 공기다. 눈까지 내렸는데 잠깐 외출했다가 봄에나 발견될 뻔했다. 바야흐로 북극 한파의 시대다.

　아침이 되면 거실 커튼을 활짝 연다. 밤에는 커튼을 쳐야 에너지 손실을 막을 수 있고, 낮에는 하루 동안 최대한 햇빛이 집 안에 들어와야 난방비가 적게 들기 때문이다. 렉라자맨은 태양을 정면으로 볼 수는 없는 몸이니까, 작은 방에 들어가 웅크리고 앉는다. 그리고 도서관에서 빌려 온 책을 읽는다.『필경사 바틀비』와『너무 시끄러운 고독』을 읽고 바틀비의 손을 들어준다. 35년째 책을 압착해서 폐기하는『너무 시끄러운 고독』은 보후밀 흐라발이 아니라도 쓸 수 있는 소설이지만, 뭔가를 선택하는 일을 하지 않겠다고 선언하는 바틀비는 허먼 멜빌이 아니면 상상할 수 없기 때문이다. 아직까지 『모비딕』을 읽지 않고도 "나를 이스마엘이라 부르라"는 첫 문장을 알고 있는데, 이제 『모비딕』을 사야, 아니 빌려야겠다.

새해부터는 타그리소와 렉라자, 두 종류의 3세대 표적치료제가 건강보험 혜택을 받게 되었다. 건강보험 덕분에 한 달 비용은 30만 원 정도 발생하게 된다. 선택권이 있을지 없을지 모르겠지만, 다른 환자들의 경우 타그리소와 렉라자 사이에서 고민하는 것을 많이 보았다. 타그리소는 렉라자보다 먼저 개발된 약으로 세계적으로 널리 쓰이고 있다는 장점이 있다. 보조항암제로도 사용되는 만큼 데이터가 많다. 렉라자보다 부작용이 덜해 노년층에서 많이 사용하기도 한다. 렉라자는 뇌전이에 조금 더 효과가 있다고 알려져 있는데 신약이다보니 상대적으로 데이터는 충분하지 않은 편이다. 우열을 가리기는 어렵다. 오리온 초코파이냐, 롯데 초코파이냐 정도의 차이가 있을 뿐이라는 말이 인상 깊었다.

맛있는 초코파이는 있겠으나, 무엇이 나에게 맞는 초코파이인지는 알지 못한다. 쓰던 약을 계속 쓰는 게 나을지, 새로운 약을 먹어보는 게 나을지는 모르겠다. 의사도 확언하기 어려운 확률일 수도 있고, 같은 초코파이이기 때문에 환자의 마음이라도 편안하게 해주겠다고 할 수도 있다. 의사의 결정을 따를 것이다. 만약 물어본다면 어떻게 대답할지 생각을 미리 해두는 정도로 만족한다.

54. 검진

화이트 크리스마스다. 함박눈을 잠깐만 바라봤다. 눈 내리는 날 자외선이 가장 심하지, 커튼을 치다가 돌아섰다. 창틀에 쌓인 눈을 손끝으로 쓸었다.

고스톱을 치고 슈퍼마리오를 했다. 닌텐도가 화투패 제작으로 시작한 회사라는 점에서, 이번 크리스마스는 완벽하게 닌텐도와 함께 보낸 셈이다. 아무리 애를 써도 피박을 면하지 못하는 패가 있다. 최대한 빨리 뛰어도 게임 속의 남은 시간 1초를 더 늘릴 수도 없다. 고스톱은 번 돈 만큼 고스란히 잃었다. 한판 잘 놀았으니 다음 판도 즐거울 것이다.

렉라자맨이 된 후, 연락을 잘 받지 않는데도 반년 동안 꾸준히 안부를 묻는 형이 있다. 전화를 받지 않아도 며칠 뒤 잘 지내느냐고 묻고, 답하지 않아도 열흘 후 요즘 무슨 요리를 하냐고 말을 걸어온다. 선배 아들이 "이야기 삼촌"을 위해 크리스마스 노래를 부른 영상을 받았다. 봄에 결혼식장에서 만났을 때만 해도 수줍게 웃던 아이가 길고 긴 노래를 천진난만하게 부르고 있었다.

  26일, 올해의 마지막 검진이 남았다. 어젯밤부터 날씨는 평년 수준을 회복했다. 최고 기온 7도, 최저 기온 영하 1도다. 조금 전, 마지막 물을 마셨다. 지금부터는 금식이다. 이번에는 MRI를 먼저 찍는다. 검사를 끝내면 일곱시 이십분쯤 될 것이다. 필수적인 약 정도는 소량의 물과 함께 먹어도 된다고 하지만, 검사를 끝내고 곧바로 렉라자를 복용하게 되어서 다행이다. 조영제를 배출시킬 물 한 병과 렉라자를 미리 가방에 챙겨 넣었다. 아직까지는, 렉라자 없이는 하루도 다닐 수 없다.

  마지막 검진과 함께 『투암기』도 예정대로 끝난다. 해가 바뀐 뒤 받는 결과는 『투암기』에 쓰지 않을 것이다. 다음이 있다면, 다른 일기로 돌아오고 싶은데, 투암은 아니길 바란다. 손끝이 떨린다. 병원에 가는 날은 마음을 자리에 앉혀두기가 어렵다. 단어 서너 개를 골랐다가 방을 한 바퀴 돈다. 『투암기』는 따뜻할 수 없는 글이다. 암에 걸렸지만 세상은 여전히 아름답고 꿋꿋하게, 아무렇지도 않게 이겨내겠다는 글은 쓸 생각이 없었다. 다만 하나씩, 블랙 유머가 되더라도 웃음은 넣고자 했다.

하지만 검진은 어디까지나 과정이다. 결과는 일주일이 지나야 알 수 있고, 그때까지는 아무도 모른다. 과정에 초조해하거나 모르는 것을 두려워하면 아무것도 할 수 없다. 나는 오늘의 『투암기』를 기록해야 한다. 한 단어씩, 한 줄씩 천천히 작업을 이어나가야 한다. 이제 물을 마실 수 없고, 출발할 시간이다. 폴더를 닫고 문을 열어야겠다.

2부

작가로 태어나지는 않았으나
─소설가가 되었으니─
조금 더, 글을 쓰다 떠나겠다

*

 아마도, 마지막이 될 글을 계속해서 쓴다. 이제 문장을 고칠 시간이 (별로) 없다. 그러므로 예전과 같은 방식으로는 글을 쓸 수 없다. 죽음을 앞두고 작업하는 방식을 바꾸게 될 줄은 몰랐지만, 30대에 암환자가 되는 것도 예상하지 못했으니 원래 삶은 이런 것인가보다. 삶, 이라는 단어는 몇 번 고쳐 썼다. 뜻이 무거운데 투암을 하면서까지 감당할 수 있는 말이 아니다.
 지금 쓰는 글의 실물을 볼 확률은 낮다. 어쩌면 영원히 드러나지 않을 수도 있다(나는 모니터 밖, 종이책을 실물이라고 생각하는 모양이다). 글이, 내 글이 어느 서버에 조용히 저장되어 있다가 (데이터 비용을 내지 않아) 마침내 사라지는 광경을 상상한다. 약해진 자기장, 끊긴 전기 신호, 그런 것과 함께 지금 쓰는 마지막 글은 미래에 사라질 것이다.

쓰고, 고치고, 다시 고치면서 살아왔는데 이제 시간이 없다. 시간만 없는 게 아니라 힘도 없다. 항암제가 바뀌었기 때문이다(24시간 주기로 세 알만 먹으면 되는 렉라자는 좋은 항암제였다). 요즘은 주사로 된 항암제를 맞는다. 내일도 병원에 가서 한 시간 반 동안 두 가지 항암제를 맞아야 한다.

주사 항암제를 맞으면 아프다. (주사가 몸에 들어오는 순간이 아프지만) 정확하게 어떻게 아픈 것인지 설명하기는 힘들다. 생물에게 어떤 생기라는 게 있다면, 그것이 사라지는 기분이 드는데, 기분과 몸의 상태를 구분해서 가늠하기가 어렵다. 분명한 건 뭔가를 하기 힘들어진다는 것, 이것을 맞지 않으면 (곧바로) 죽는다는 것 정도다.

물론 이것을 맞아도 (곧) 죽기는 한다. 살아나는 약이 아니다(젬시타빈과 카보플라틴은 3주를 한 세트로 하는데 평균 4회 정도 쓸 수 있다고 했다). 이후에는 렉라자처럼 내성이 온다. 내성이 오면 다음 카드는, (사람마다 다르다고 하지만) 한두 장 정도 남는다. 그것마저 뒤집고 나면 남은 패가 없다. 뒷패가 없으면 자리를 털고 일어나는 수밖에 없다. 폐암 환자의 항암이란 이런 것이다. 기적을 바라면서 시간을 미룰 수 있는 카드를 쓰고, 쓰고, 또 쓰다보면 남은 기대가 없어지는.

이제, 순서를 정하고 목차를 만드는 계획적인 글쓰기는 불가능하다. 장기적인 계획은 꿈이다. 쓸 것인가, 말 것인가. 쓴 것까지 남길 것인가, 한 문장이라도 더 쓸 것인가. 이제 나는 그때그때 쓰기로 한다. 내가 의지할 것은 별표*, 애스터리스크뿐이다. *를 믿고 조금만 더 쓸 것이다(백스페이스키←는 멀리 할 것이다). 여기까지 쓰고 *를 한참 바라봤는데, 어쩐지 이 기호는 별이 아니라 항문을 닮은 것 같다(*).

*

항암 치료는 선택이 아니다. 새벽 다섯시에 일어나 병원에 갔는데 항암제를 맞지 못하고 돌아왔다. 간 수치가 갑자기 올라갔다고 했다. 먹는 것과 생활이 달라지지도 않았는데 정상 범주 안에 있었던 간 수치가 올라갔다는 건, 보름 전에 맞은 항암제를 몸이 충분히 견디지 못한다는 뜻이다.

사실 사연이 더 길다. 의사를 만나기 전 피검사 결과를 보고 간, 간, 하고 의사 진료를 봤다. 다른 우선순위에 있는 것을 묻느라 막상 간 수치에 대해서는 말하지 못했다. 처방을 받고 항암 전에 먹는 구토방지제를 먹고 순서를 기다리는데(투여할 항암제 제조에 한 시간이 걸린다) 아내의 친구가 물었다. 간 수치가 높은데, 어떤 처방이 나왔냐고 했다(아내의 친구는, 작년에 나에게 선고를 내렸던 의사다). 아내의 친구는 위험한 수치라고, 간을 보호하기 위한 약 정도는 처방이 나왔어야 한다고 했다.

병원은 전화가 되지 않는다. 대표번호-진료실-간호사-의사에게 전화가 연결되는 일은, 지난 1년 동안 없었다. 대표번호는 모든 업무를 처리하느라 바쁘고, 간호사와 의사는 진료실에 상주하지 않으며, 위급한 것은 응급실에서만 처리하기 때문이다. 다행히 주사 대기실과 종양내과가 같은 병동에 있어 급하게 내려갔다.

― 의사 선생님이 다 보고 내린 결정입니다.
― 그래도 다시 한번만 확인 부탁드립니다.

간호사는 말을 다 듣지 않았다. 나는 간호사가 그럴 줄 알았다. 어련히, 나도 의사의 처방을 믿으니까. 간호사는 모니터를 보다가 화들짝 놀라서 의사에게 전화를 했다. 이야기가 잠깐 오갔고 의사는 항암 일정을 취소했다. 간호사는 원무과에 가서 진료비를 재결제하고 가라고 했다. 누구도 미안하다는 말은 없었다. 사과 또한 어련히 없을 수밖에 없다. 간호사는 잘못을 하지 않았고 의사는 나와 통화하지 않았으니까. 그리고 지금의 나는 화를 거의 느끼지 못한다. 투암과 함께 감정도 메마르고 있으니까. 아내의 친구는 오늘 항암 치료를 받지 못한 것은 미안하지만, 그 몸으로 항암 주사를 맞는 것은 무리라고 했다. 이상하다. 사과가 이상한 사람에게서 온다. 이상할 것도 없다. 살면서 미안해야 할 사람이 미안하다는 말을 하는 것은 잘 보지 못했다. 언제나 사과는 사과할 필요가 없는 사람들이 한다.

항암 치료를 하지 못해서 씁쓸한 마음이 반, 내심 한 주라도 주사를 미룰 수 있어서 다행이라는 마음이 반이다. 병원이 무섭고 주사가 싫은 건 곧 떠날 항암 환자도 마찬가지다. 정당한 계산은 아니겠으나, 어차피 몇 번 맞고 내성이 오는 주사라면 한 주를 더 미루면 혹시 한 주 더 사는 게 아닐까 하는 바보 같은 생각이 든다.

*

(지나가다) S와 마주쳤다. 대학원에서 함께 공부한, 나보다 두 살 많은 누나다. 연락을 피한다는 것을 알면서도 안부를 묻는 사람이다. 1년 동안 대여섯 번 S의 연락을 적당히 피했다. 마주친 이상 피할 수 없었다. 중간고사가 언제냐고 묻고 보름 뒤로 점심 약속을 잡았다.

박사 논문을 쓰면서 자주 갔던 메밀국숫집으로 갔다. 먹고 나서도 속이 불편하지 않아서 좋아했다. 맛은 달라지지 않았는데 예전에 줄 서서 먹던 집에 손님이 거의 없다. S는 처음 맡은 전공 강의 이야기를 했고, 나는 몇 년째 하고 있던 교양 강의 이야기를 했다.

(이제) 나는 연구를 하지 않는다. 할 수가 없다. 공부를 할 수 없는 이유를 설명할 수 없다. (다행히) 대신 그동안 썼던 단편소설 이야기를 했다. 투암을 시작한 후, 내가 암환자라는 것을 모르고 (의식하지 않고) 나누는 두번째 대화였다.

헤어지는데 S가 줄 게 있다고 했다. 정관장 홍삼이었다.

— (당황해서) 갑자기 이걸 왜 줘?
— 1년 전에, 전화할 때 네가 기침을 심하게 했잖아. 그런데 내가 기침 괜찮냐고 안 묻고 내 이야기만 한 것 같아서. 미안해서.

S와 S의 어머니가 정관장을 (최근에) 열심히 먹고 있는데 몸이 상당히 건강해졌다고, 꼭 아내와 함께 부지런히 먹으라고 했다.
할말이 없어서 고맙다고 했다.
1년 전, 그 기침이 시작이었는데. 나는 이제 홍삼 같은 것은 먹지 못한다. 먹지 못할 선물이라는 생각이 들었지만 거절할 수가 없었다. 가장 고맙고도 아이러니한 선물을 받았다.
헤어지면서 고민했다. 한 번 더 만날 수 있을까, 한 번 더 만나야 할까. 한 번 더 만나면서 투암 사실을 숨기는 것은 미안한 일이다. 한 번 더 만나서 투암 사실을 밝히는 것은 (어쩐지) 못할 짓을 하는 것 같다. 맛있는 메밀국수 정도면 마지막 기억으로 나쁘지 않을 것 같다는 생각과 홍삼에 대한 미안함이 뒤섞였다. 생각을 여기까지 하기로 했다. 이제 뒤섞인 것을 정렬하기가 어렵다.

*

  두 번의 시도 끝에 행주산성에 갔다. 보름 전, 행주산성에 가려다 길을 잘못 들어 그대로 인천 차이나타운까지 갔다. 이것마저 투암 핑계를 댈 수는 없다. 자유로에서 행주산성으로 빠지는 도로는 헷갈리기 쉽다. 도중에 멈추거나 망설이면 위험하다. 안전운전을 위해서는 (무조건) 그냥 돌아가면 된다. 문제는 이번에는, 돌아가는 길이, 그대로 인천까지 이어지는 고속도로였다는 것이었을 뿐이다. 20~30킬로미터 정도, 직진만 가능한.

  주말 차이나타운은 사람은 많고, 임대 문의가 붙은 가게도 많았다. 우리나라에서 짜장면을 처음으로 대중화시켰다는 음식점에서 짜장면을 먹었다. 차이나타운에서는 먹는 것 빼고는 할일이 없었다. 중국풍 벽화 앞에서 장난스러운 사진 몇 장을 찍고 월미도로 갔다. 월미도의 사람들은 모두 행복해 보였다.

  다시 도전한 행주산성은 생각보다 가팔랐다. 도착하고 나서야 여기가 산성이라는 것을 깨달았다. 괜히 이곳에서 싸운 사람들과 죽어간 사람들 생각을 했다. 행주산성은 은행나무가 좋았다. 아내와 홍상수 영화 놀이를 했다. 조금은 스산하고, 조용하고, 낯선 곳에서 가끔 찍는 영상이다.

  — (남자 내레이션으로) 행주산성에 왔다. 행주산성은 처음이다. 그래서 오늘은 뭘 하지. A에게 전화를 해볼까.

― 어머, 여기 어쩐 일이세요, 감독님?

― 어, 응, 산책, 나는 산책하러 왔지. 그동안 잘 지냈어?

― 요즘 작품 쓰시죠? 저 좀 불러주세요.

― 그치, 우리 같이 해야지. 여기 밑에 카페가 정말 좋아. 꼭 가봐. 가봐야 해.

여자와 남자는 우연히 만나고, 남자는 여자의 인사에 (당황해하면서) 대답한다. 작품 이야기가 잠깐 나오는데 전체적으로 남자는 횡설수설한다. 그런 놀이를 한다.

*

입동이 지났다. 다음 겨울은, (아마) 기대하기 힘들다. 마지막 겨울에 들어서고 있다. 여름은 유난히 더웠고, 사람들은 기후 위기를 진지하게 걱정했다. 여름이 더우면 겨울이 춥다고 했다. 마지막 겨울마저 춥다니 어쩐지 억울한 생각이 든다. 하지만 나에게 병病보다 더 억울한 것은 없다. 억울과 무관하게 기후 위기에 경각심을 가지고 모두.

*

아내에게는, 미안하다. 40년 대차대조표를 아무리 살펴봐도 아내 외에는 내가 미안해할 사람이 없다(모르지. 원래 미안할 짓을 한 사람은 자신의 잘못을 기억하지 못하니까). 일주일 정도, 꼼꼼하게 잘잘못을 복기해봤는데 잘 모르겠다. 반드시 갚아야 하는 수준에서는, 그 정도 잘못은 기억나지 않는다.

"미안하다"를 표준국어대사전에서 찾았다. 이제는 사전의 정의보다 예시문이 궁금하다. 뜻은 그럭저럭 풀었겠지만, 예시는 순전히 사전 편찬자의 선택이니까. 사전을 쓴 사람의 마음을 알려면 정의가 아니라 예시를 살펴봐야 한다. "미안하다"의 첫번째 예시문은 "나는 거짓말을 한 것이 아내에게 미안하였다"이다. 나는 거짓말을 한 적이 없지만 미안하다의 예문이 남편의 마음인 이유를 알 것 같다.

죽은 뒤에는 미안할 수가 없다. 나는 사후세계를 생각하지 않는다. 어쩔 수 없다. 종교나 신념 같은 문제는 아니다. 곧 죽는 사람만큼 영혼 불멸을 믿고 싶은 사람이 또 있겠는가. 죽는 사람들은 누구보다 살기를 바란다. 다만 그 말을 계속 마음에 담아둘 뿐이다. 하지만 내세는 살기를 바란다고 있는 게 아니다. 있는 것은 있는 것이고 없는 것은 없다. 아무리 없는 것을 정교하게 만들어낸다고 해도 마찬가지다. 그러니 죽은 뒤에는 미안할 수 없고, 미안한 것은 바로 지금이다.

지금의 미안함은 곧 사라질 수밖에 없는 감정이다. 부지런히 미안해하고 있다. 투암을 시작하면서부터, 적극적으로 미안해하고 있다. 단, 아내가 내 마음을 알아차리지 못하게. 세심하게 미안해하고 있다. 미안해하는 나를 보면 아내는 슬퍼할 것이다. 슬픈 아내를 보면 미안함은 커지기만 한다. 어차피 미안함을 줄어들게 할 수 없다는 것도 안다. 투암중이라고 암에 뭔가를 빗대는 것은 정말 싫은데, 미안함과 암은 비슷한 것 같다. 어쩌면 줄어든다, 자꾸 반복하면 내성이 생긴다, 다시 커진다, 다른 방법을 써서 잠깐 줄인다, 커지는 것을 막을 수는 없다, 숨기려고 하지만 결국 드러난다, 끝에 달하는 미안함이 있다……

*

다른 사람들에게는, 그리 미안하지 않다(아직도 엄마에게는 투암을 알리지 않았다).

*

지난 학기에는 수업을 했다. 아는 사람은 만나고 싶지 않지만 모르는 학생들을 가르치는 건 즐거웠다.

수업을 열정적으로 하는 편은 아니다. 열정적인 수업이 꼭 좋은 것인가, 의심스럽기 때문이다. 투암 전에도 체력이 좋다고 보기는 어렵기도 했다. 물론 열정적일 생각조차 없는 수업은 열정적인 수업보다 좋기 어렵다. 최선을 다할 수는 없지만 부끄럽지 않은 수업을 하는 것. 나는 그 정도가 좋았다.

아무렇지도 않게 수업을 하고, 하고, 하고…… 아무렇지도 않다는 건 거짓말이다. 캠퍼스의 목련이 지는 것을 볼 때면, 여름이 오는 열기를 느낄 때면, 이제 아무렇지 않을 수가 없다.

그럭저럭 꾸려왔던 수업의 끝이 자꾸 보인다. 지금은, 그렇게 두 학기가 가까스레 지나가고 있다. 다음 학기는, 수술 이후를 생각해야 한다.

학교에 가는데 눈이 내렸다. 첫눈이군, 이 눈도 또 마지막……이라는 생각을 하는데 우박이 쏟아졌다. 첫눈도 마음대로 안 되는구나. 학교에 도착하니까 해가 떴다. 조금 덥다는 생각까지 들었다(집에서 학교까지는 고작 십오 분이다). 수업을 시작하면서 어렵게 말을 꺼냈다.

— 여러분, 오늘은 함께 따뜻한 것을 먹고 싶습니다. 밥을 먹기는 어려우니 차를 마셨으면 하는데, 여러분은 뭘 좋아하나요?
— 스타벅스요!
— 그래요, 조별로 먹고 싶은 것을 조장에게 전달해요.

대학 3학년 때, 제2외국어 수업으로 스페인어를 들었다. 나는 외국어를 잘하지 못한다(한국어라고 잘하는 것은 아니지만, 그래도 전공과 학위와 등단을 근거로 이건 대충 넘어가자). 졸업 요건에 제2외국어 수강이 6학점이나 있어서, 반드시 들어야만 했다. 나는 고등학생 때 독일어를 배웠고, 중간고사 성적은 '가'였다(아직도 독어 선생님이 성적을 부르다가 48점? 48점? 하면서 나를 쳐다봤던 걸 기억한다). 뭔가 죄송스러운 마음이 들어서 기말고사는 열심히 준비했다(기말고사는 '미'였으니까, 최종 성적은 '양'이었다). 그리고 제2외국어는 쳐다보지도 않았다.

설마 스페인어 따위를 할 줄 아는 사람이 있겠어?

하지만 설마 스페인어를 할 줄 아는 학생들이 대부분이었다. 스페인어는 조금 빠른 편인데, 어떤 학생은 선생님보다 빠르게 스페인어를 할 줄 알았다(외교관 자식이었나보다). 어쨌든, 수업 마지막 날 선생님은 코로나 맥주(멕시코 산이다)에 라임까지 꽂아서(어떻게 당시에 라임을 구해 왔을까) 〈달콤 쌉싸름한 초콜릿〉 영화를 보면서 종강했다. 그 기억은 지금도 강렬하다.

학생들에게도 스타벅스가 그 정도로 남았으면 좋겠다. 선생님 이름과 얼굴은 기억나지 않지만, 강의실에서 먹고 싶은 스타벅스를 마셨던 기억을(하지만 영수증에 한 잔 8,900원짜리가 찍혀 있던 건 조금).

*

머리 MRI 검사를 하러 간다. 모레는 다른 대학 병원에서 PET-CT라고 불리는, 전신 CT를 찍게 된다. 머리에 전이가 없고 다른 장기에서 크게 암이 발견되지 않으며 주사 항암이 어느 정도 효과를 보인다면, 한 달 후 수술을 시도할 가능성이 있다. 하지만 뇌전이를 치료하는 데 효과가 있는 렉라자와 달리 주사 항암은 그런 능력이 없다. 두통이 느껴질 때가 많아서, 머리에 대한 부분은 내심 포기를 했다. 전이가 된 것인지 주사 항암 때문인지 걱정 때문인지 모르겠지만(심리적인 문제는 아닌 것 같다) 두통은, 분명하게 있다. 보름 전부터는 허리 쪽도 결린다. 나는 척추측만증이 있고, 통증이 있는 부분은 원래 좋지 않았지만, 이것 역시 전이의 징표일 수 있다(허리 통증이 심리적인 문제일 수는 없다). 그럼에도 불구하고 이틀 후 PET-CT라도 찍는 건, 어쩔 수 없기 때문이다.

— 선택해. 원 발암 부위인 오른쪽 폐의 절반을 절제할 거야. 삶의 질은 떨어질 거야. 그래도 예후가 좋으면 몇 년이나 더 살 수도 있어.
— 하지 않으면?
— 길면 1년?
— 짧네.
— 지금 하는 기침, 암이 폐 입구 쪽을 막아서 그래. 이 부분이 완전히 잠식되면 항암제가 폐에 닿질 않아. 다음 카드가 쓸모가 없어. 폐렴이 오면 바로 사망할 거야.
— 그럼 이건 선택이 아니잖아.

3개월에 한 번씩 받는 머리 MRI 검사를 몇 번이나 더 할까 싶었는데, 이제 많아도 서너 번 정도 남은 것 같다. 챡, 챡, 챡,

챡. 익숙해지니까 시간이 잘 간다. 박자는 4분의 4박자이거나, 8분의 8박자, 16분의 16박자 같다. 챡챡챡챡챡챡챡챡, 챡챡챡챡챡챡챡챡챡챡챡챡챡챡 소리를 듣다보면 다시 통에서 나를 꺼냈다가 조영제 주입을 한다. 검사가 너무 빨리 끝나는 것 같아서 괜히 아쉽다.

*

예상보다 결과는 나빴다. 수술을 못하는 것뿐만 아니라 허리 통증, 정확하게는 골반 통증이 전이 때문이라는 것도 알게 되었다. 척추와 머리에도 작은 전이가 생겼다.

뇌전이는 두번째다. 아니 세번째라고 해야겠다. 작년 여름 확진을 받았을 때 뇌전이가 있는 것을 알았고, 렉라자를 먹으며 전이된 부분이 치료되었다가, 다시 올해 1월에 뇌의 다른 부위에 5밀리미터 크기의 전이가 발견된 적이 있다. 감마나이프라는 수술을 통해 제거한 뒤 잠잠했는데, 이번 검사로 다른 부위에 같은 크기로 있는 것을 찾았다.

감마나이프 수술은 간단하다. 머리 MRI를 한 번 더 찍어서 수술 계획을 짜고, 얼굴을 고정시키는 석고보드 같은 것을 뜨고, 감마선을 이삼십 분쯤 쬐면 된다. 얼굴 본을 뜨는 건 데드마스크를 만드는 것 같다. 아무래도 데드마스크 하면 식민지기 문인 이상을 떠올릴 수밖에 없기도 하다.

어려운 건 감마나이프 수술 일정이다. 지난번에도 한 달 넘게 기다려서 겨우 받을 수 있었다. 이번에는 언제 받을지 모른다. 병원에는 아픈 사람이 많다.

무엇보다, 친구 말로는 그간 맞던 주사 항암제 젬시타빈에 대한 내성도 확인되었다고 했다. 통상 4회 정도 맞고 나면 내성이 생기는 항암제인데, 나는 그럭저럭 잘 견디는 편이라 대여섯 번 정도 시도해볼 수 있겠다고 했었다. 한 번으로 한 달을 살 수 있으니 한두 달을 더 벌 수 있을까 했는데 현실은 3회로 끝났다. 이번 항암제의 내성도 평균보다 빨리 찾아왔다. 젊어서 항암제 부작용을 견딜 수 있지만, 젊기 때문에 암의 진행 속도도 그만큼 빠르다.

멧이라고 하는 유전자 때문이기도 하다. 멧이라는 유전자가 있으면 항암제 작용을 자꾸 방해한다고 했다. 친구는 멧을 저해하는 약물과 같이 투여하는 임상 실험이 있다는 이야기를 전해주며 다음 항암제 카드를 쓰고, 수술은 또다음 기회를 노릴 수도 있다고 위로했다. 우선 감마나이프를 받고, 다른 항암제를 쓰고, 척추와 허리는 통증이 심하면 방사선 치료를 시도해볼 수 있다는 말도 들었다. 집에 돌아오는데 이번 겨울 두번째 눈이 내렸다. 아슬아슬하게 다음 가을까지는, 단풍을 한 번은 더 볼 수 있지 않을까 했는데 겨울을 넘기는 것도 쉽지 않아 보인다.

*

하루가 지났다. 하루만큼 마음이 조금 나아졌다. 아버지를 잃은 슬픔은 몇 년 동안 이어졌지만 매일 슬펐던 것은 아니다. 나를 잃는 슬픔 역시 마찬가지다. 하루 몇 시간 정도는 마음이 나아진다. 의욕이나 희망이 생기는 것은 아니지만(원래도 의욕 같은 단어는 좋아하지 않았다) 마냥 침묵하는 것도 지겹다. 아침 일찍 아내와 같이 성북동에 있는 빵집에 갔다. 한 번도 먹어보지 않았던 빵으로 식사를 했다(다음에는 역시 먹던 빵을 사야겠다).

의연해야지 하지만 울고 있었다

최수경(김학찬 작가 아내, 국어 교사)

#호칭

"오빠가 어제……"라고 말을 하는 상황보다, "남편이 생전에……"라는 말을 해야 하는 때가 많아졌다.

#계절

우리는 사계절 중에서 겨울을 유독 좋아했다. 서로의 긴 방학이 있어서, 여행을 할 수 있어서, 내 생일이 있어서, 눈 내리는 풍경의 아름다움을 사랑해서와 같이 겨울을 좋아하는 이유는 너무도 많아서 차라리 좋아하지 않는 이유를 대는 게 더 빨랐다. 겨울은 언제나 '더 좋은 우리'가 될 수 있던 기억을 북돋아준 계절이었다. 당신이 아프고—이 어색한 호칭을 어찌해야 하나—우리는 처음으로 겨울을 두려워하게 되었다. 나는 환자에게 겨울이 얼마나 가혹한 계절인지 모든 순간마다 절감해야 했다. 봄의 생동과 가을 단풍의 아름다움을 깨달았고, 그가 단 한 번의 봄이라도, 여름 혹은 가을을 더 누릴 수 있기를 바라고 또 바랐다. 그런데 결국 그의 기일이 된 2월 8일도 겨울이었다. 수만 장의 빛나는 겨울 사진들을 남기고, 그러니까 아쉬워하지 말라는 듯, 그렇게 떠났다.

#책

직업적인 이유에서 남편은 책을 많이 읽는 사람이었고, 나는 남편이 추천하는 책 목록만 읽어도 대한민국 평균 독서량은 넘는 사람이 될 수 있었다. 남편은 항상 나에게 "넌 좋겠다, 내가 읽고 재미있는 것만 골라서 너에게 읽게 해주잖아"라고 말했는데, 그때는 "뭐래"라고 투덜거렸지만 속으론 늘 복 받았다고 생각하곤 했다. 남편은 취미가 일이 되어 '취미'가 사라진 사람이었고(그는 다른 취미를 가질 수 없는 사람이어서 이 사실을 매우 슬퍼했다), 나는 여전히 취미로 책을 읽을 수 있는 사람이었다.

퇴근 이후의 우리는 단 한순간도 대화를 쉬는 법이 없는데 (다들 남편이랑 무슨 얘기를 그렇게 하냐고 묻는다. 반대로 남편이랑 대화를 안 하면 무얼 하고 보내느냐고 묻고 싶었다) 그중에는 당연히 책 이야기도 포함되어 있다. 하지만 남편이 폐암 4기 진단을 받고 나서 나는 왠지 책이 미워졌다. 병의 원인이 그가 담배를 피워서도 아니고 유전자가 변이를 일으켜서라고 들었지만, 그래도 왠지 의심 가는 건 책 먼지밖에 없었다(이후 청소에 대한 내 집착은 더 중증이 되었다). 집에 있게 된 남편은 다른 이유에서 6개월에 걸쳐 천천히 책 1,000권을 정리하고 버렸지만, 그날 이후로 나는 책이 싫어져서 도저히 더 읽고 싶은 기분이 들지 않았다. 그러다보니 주로 읽었던 책에 대해 다시 이야기하고 새로 읽게 되는 책은 정말 드물었는데, 그중 하나가 무라카미 하루키의 『도시와 그 불확실한 벽』이었다.

남편이 오랜만에 책을 추천해주었다. 자기는 하루키가 노년에 쓴 『도시와 그 불확실한 벽』을 먼저 읽고 젊은 날 쓴 『세계의 끝과 하드보일드 원더랜드』를 나중에 읽게 되었는데, 세계관이 연결되어 있으니 나에게는 창작 순서대로 읽고 느낌이 어떤지 말해달라고 했다. 결론부터 말하면 나는 『도시와 그 불확실한 벽』에 어마어마하게 매료되었다. 그것은 남편의 죽음을 끝없이 생각해야 하던 나에게 다른 세계의 문을 열어주었으며, 문 속의 그 공간은 무척 아름다웠다. 두 개의 이야기 중에서 노년의 하루키가 쓴 작품이 나는 더 투명하고 아름답다고 생각했다. 남편도 이 작품을 더 마음에 들어했다. 투병 동안 함께 읽고 이야기를 많이 나눈 유일한 책이라서 더 오래 기억에 남는다.

아스트리드 린드그렌의 『사자왕 형제의 모험』도 우리가 참 좋아하는 동화였는데 남편이 아프고 나니 죽음이라는 소재를 직면하기 참 어려웠다. 유고 에세이에서 남편은 그 책을 덮었다고 기술했다. 나는 그 책을 열고 낭기열라에 있을, 혹은 하루키의 벽 안쪽 세계에 있을 남편을 상상한다.

우리는 언젠가 반드시 다시 만날 것이다. 그때까지 남편이 모쪼록 편안한 상태로 있기를 바란다.

#운전

2020년 4월, 남들보다 다소 늦은 나이에 면허를 땄다. 출근길이 멀어질 가능성이 있었기에 1월부터 준비했지만, 면허를 따고 나니 걸어서 이십 분 거리의 학교로 발령이 났다. 나는 굳이 운전을 할 필요가 없었다. 이후에 남편이 바로 면허를 땄다. 차를 주문해두고 도로 연수로 북악스카이웨이를 다녀오더니 자기는 운전을 못할 것 같다며 좌절했다. 멀리 출근하는 남편을 위해 차를 주문한 건데, 자기는 운전이 적성이 아닌 것 같다며 나보고 타라고 했다(걸어서 이십 분, 운전하면 이십오 분 걸리는 출근길을 차로?). 이미 자동차 구입 계약은 한 뒤였고, 남편이 안 타면 내가 태워주겠다고 큰소리친 뒤에 운전할 마음의 준비를 했지만 머지않아 남편은 차가 없으면 못 사는 몸이 되었다(심지어 특유의 완벽주의로 도로와 차에 대한 모든 공부를 마쳤다). 주차장이 없어서 서울 시내로 데이트를 갈 수 없다는 헛소리도 했지만, '그냥이'를 무척 아꼈다. 우리의 신차 '그냥이'는 11월에 생일 케이크도 받는 진정한 우리의 가족이 되었다.

그냥이는 코로나 시기를 거치며 우리에게 뚜벅이 때와는 차원이 다르게 빛나는 여행을 선물했고, 남편은 아플 때에도 차를 사고 운전할 수 있게 된 게 정말 다행이라고 자주 되뇌었다. 나는 아픈 남편 혼자 운전을 시키는 게 너무 미안해서 연수를 받고 오겠다고 했지만 남편은 쉽게 허락하지 않았다. 자기는 장시간 운전이 힘들지도 않고, 나를 태워주는 게 좋다고 했다(아니면 내가 운전하는 차를 타는 게 무서웠거나). 그렇게 그렇게 우리의 여행은 계속되었고, 그 사이「구름기」가,「미당시문학관」이,「끗」이 하나씩 탄생했다.

「구름기」에는 운전을 즐기는 과감한 아내가 등장하는데(도로운전시험에서 속도를 안 줄이고 유턴하다 실격한 이야기는 나의 실화다. 과감해서가 아니라 막힐 때만 연습을 해서 속도를 줄여야 한다는 사실을 배우지 못했다), 실제로 소설이 발표될 때까지도 나는 운전을 하지 못하는 상태였으니 남편의 소설은 허구가 대다수인데 이상하게 사람들이 진짜인 줄 안다고 말하며 웃었다(우리는 고양이도 안 키우고, 당연히 붕어빵이든 타코야키든 만들어본 적도 없다). 소설의 예지력이었을까. 「구름기」의 아내 이야기는 머지않아 실화가 되었다. 2025년 1월 중순, 남편의 몸은 급격하게 어려움을 호소하기 시작했고, 더이상 혼자 운전할 수 없는 상태로 변했다. 무슨 예감이었는지, 25년 1월 2일에 나는 내 생일 선물로 운전연수를 받겠다고 했다. 우겨서라도 나갈 생각이었는데, 남편도 어떤 예감이 있었는지 처음으로 순순히 그러라고 했다. 우리에게는 당장 1월에 아산병원에 가야 할 스케줄이 가득 차 있었다.

임상을 위한 추가 검사, 주치의 외래, 항암주사, 뇌전이를 위한 감마나이프, 뼈전이를 위한 방사선치료, 다시 외래. 운전을 하기 전에 나를 아는 모든 사람들은 내가 운전을 못할 거라고 말했다. 내가 겁이 많은 것을 아는 모든 이들이 한결같은 결론을 내려주었다. 그러나 이제 나는 한 번에 아산병원을 뚫는 베스트 드라이버가 되었다(한 번 제대로 긁고 나오기는 했지만. 지금도 수리하지 않았다. 그 흔적마저도 나에겐 소중하다). 남편을 조금이라도 편하게 이동시켜야 한다는 생각이 초인적인 에너지를 내게 해주었다.

몇 달이 지나 이제 조금 운전이 익숙해졌는데, 돌아보니 그 당시의 운전 실력으로 어떻게 병원을 열 번도 더 다녔는지 미스터리이다. 나는 남편이 조금이라도 편하기를 바라서 운전을 하기 원했지만, 남편은 반대의 생각으로 연수를 받고 오라고 했다. 더이상 자기가 데리고 다녀줄 수 없으니까, 자기가 없을 때도 내가 운전을 할 줄 안다면 '그냥이'와는 함께 있을 수 있으니까, 우리가 함께 간 모든 장소를 내가 갈 수 있을 테니까, 내가 덜 외로울 테니까. 그는 자신이 내게 설명해줄 수 있을 때 더 철저히 배우라고, 조수석에서 자기 몸도 제대로 가누지도 못하면서도 잔소리를 했다. 그렇게 사랑스러운 잔소리는 세상에 다시없을 것이다. 지금도 운전석에 앉으면 남편의 목소리가 들리는 것 같다. 아무리 겁쟁이여도 운전을 안 좋아할 수가 없다.

#의연해야지 하지만 울고 있었다

장례가 끝나고 나는 남편의 유골함을 안고 집으로 돌아왔다. 남편은 자기가 쓰던 서재 방에 여전히 존재하며, 아침저녁으로 나와 인사를 나눈다. 큰 이변이 없다면 나의 남은 생 동안 계속 그럴 것이고 내가 죽게 된다면 그때 비로소 함께 사라지게 될 것이다(고전소설의 한날한시에 하늘로—가 얼마나 이상적인 해피엔드인지를 새삼 깨닫는다. 우리의 삶은 현대소설이라서 불가능하다).

남편이 내 모습 중에서 가장 좋아하는 것은 자신과는 다른 '밝음'과 거기에서 기인한 긍정적인 강인함이다. 그 힘 덕분에 2023년 7월 이후부터 나는 씩씩하게 많은 일들을 지나왔다고 생각한다. 양가 부모님께 투병을 끝까지 알리지 않은 그 사실을 남들이 이해하지 못한다 할지라도 나는 남편의 마음이 편한 쪽이라면 다시 또 그 선택을 할 것이다. 부모님께 말씀드리지 못한 일이 무척 죄송스럽지만, 남편도 나도 잘못을 한 것이라고는 생각하지 않는다. 다행히 장례의 절차도 다 내 뜻대로 하도록 가족들이 많은 배려를 해주었다. 우리의 아니 나의 선택에 덧대고 싶은 말씀들도 많았을 텐데, 가족들은 최대한 나를 위해 말을 아껴주었고 그 배려가 내가 상주로서의 모든 과정을 의연하게 버틸 수 있게 한 힘이 되어주었다.

게다가 내가 울면 자기 마음이 아프다고 해서 1년 반 동안 각별히 울지 않으려고 노력했다. 집에 돌아오고도 한참 동안 남편이 남긴 유고 에세이를 읽지 못했다. "의연해야지 하지만 울고 있었다"라는 첫 시작부가 그동안 나도 알지 못했던 내 마음의 상태를 예언처럼 정확히 대변하고 있었다. 처음 진단받았을 때 남편의 마음이 장례를 마치고 돌아온 내 마음만큼 절망적이었다니 그제야 남편의 아픔이 온전히 이해되었다. 남편의 에세이에 나는 거의 등장하지 않았다. 딱 한 문장 아내를 생각하면 글을 쓸 수가 없다고 했다. 그 한 줄이 그의 가장 큰 사랑이라고 느낀다. 이 글을 쓰고 있는 지금의 나도 마찬가지다.

의연해야지 하지만 울고 있었다.

#너에게로 돌아가는 여행(* 유우리優里 〈아스트로넛〉 가사에서)

학찬 오빠, 몇 년간 매일 아침마다 써주던 편지를 이런 방식으로 내가 다시 쓰게 될 줄은 몰랐어. 11년의 연애와 7년의 결혼 생활. 남들이 들으면 깜짝 놀라곤 하지만, 연애를 할 때도 결혼을 하고 나서도 우리가 지나온 햇수를 세어본 적은 별로 없었어. 어차피 우리는 할머니 할아버지가 되어서도 두 손을 잡고 걷는 귀여운 노부부가 될 예정이었으니까(그리고 보면 우린 손을 안 잡고는 걸어본 적이 없는 것 같아. 여름에 덥다고 손 빼서 미안해. 그치만 우리의 겨울들 속에서는 그 손이 따뜻해서 정말 좋았어). 두 손을 잡고 걷는 게 너무나 당연해서, 다른 미래를 한 번도 생각해보지 못해서, 오빠가 눈을 감는 그 마지막 순간까지도 오빠가 세상에 존재하지 않을 수 있다는 사실을 마음으로 받아들일 수 없었어.

(모두가 그렇게 말하니까) 오빠가 없는 세계도 분명 어떤 의미가 있겠지. 하지만 오빠가 없는 이 세계가 또다른 하나의 세계가 될 수 있다는 것을 나는 아직 받아들일 수가 없어. 모든 것이 그대로인 우리집에 돌아왔을 때나 다시 학교에 출근을

하게 되었을 때도 사람들을 만나고 있을 때에도 어째서, 왜, 오빠만 이 세상에 없을 수가 있는 거지, 오빠 한 명 정도는 이 세상에 그대로 나와 머물러도 아무에게도 폐 끼치지 않고 우리 둘이 잘 살 수 있었는데, 어째서, 왜! 그 어떤 합리화 속에서도 도돌이표처럼 돌아오는 질문으로 밤의 시간들이 하얗게 무너져내릴 때(칭찬해줘, 일상의 낮은 씩씩하게 잘 지냈어), 우주를 노래하는 어떤 가수의 노래를 듣고 밤새 울었어. 나는 지극히 현실적인 사람이니까, 우주든 별이든 판타지든 하나도 관심이 없었는데, 오빠가 가고 쓸데없는 생각을 많이 하게 됐거든. 평행우주나 별에 대한 이야기 혹은 판타지 같은 게 결국 모두 사랑하는 사람을 잃은 사람들이 만든 상상이 아닐까. 우리가 다른 공간에 존재해도 시간이 다르게 흘러도 어딘가에 있기만 한 거라면 내가 살아가는 남은 생은 오빠에게로 돌아가는 여행이라고 생각할 수 있을 것 같거든.

#TV

일상의 미디어는 잔혹하다. 특정인에 대한 고려 없는 광고도 드라마도 뉴스도 모두 우리를 할퀴고 지나간다. 남편이 아프고 나서는 재미있고 웃긴 방송을 많이 찾아보려고 노력했다. 폐암 환자는 폐의 암세포도 줄여야 하지만 건강한 마음을 지켜내는 일은 더 어려운 일이었기 때문이다. 지금도 감사를 표하고 싶은 많은 방송들이 있다. 남편을 웃게 해줬던 모든 방송들을 사랑한다. 하지만 방송은 곳곳에서 우리를 노리고 있었다. 좋아하는 배우가 나오는 로맨틱 코미디 드라마가 있다고 해서 보려고 했는데, 1화부터 여자가 불치병 진단을 받았다. 볼 수 없었다. 정규방송에서는 멈추지 않고 암 보험 광고가 나왔고, 암 예방 백신 접종 광고도 질릴 만큼 나왔다. 아침 건강 프로에서도 이걸 안 하면 암에 걸린다는 검증되지 않은 소리를 멈추지 않고 해댔고, 나는 계속 화가 났다. 4명 중 1명이 암환자라잖아, 가족 중에 누구든 있을 수 있는 거잖아, 배려하면서 멘트를 만들 순 없는 건가, 제작하는 사람들은 프로잖아, 이 정도 의식은 가져야 하는 게 아닌가라는 아무도 들어주지 않는 화를 내며 하루하루를 보냈다.

   시간이 지나며 조금은 무덤덤해지려고 노력했고 가능해졌다. 다만, 그 단계에 이르니 다른 유형의 마음 아픈 일들이 생겼다. 함께 TV를 보고 있는데 뉴스에서 "○○건물 2027년 완공 예정!"(무슨 건물이었는지는 기억나지 않는다) 이런 내용이 나왔는데, 남편이 갑자기 저때까진 살아 있을까?라고 말했다. 20××년에 치러질 ○○○과 같은 행사 안내에도, 남편은 자신이 가까운 미래에 존재할까 존재하지 않을까를 계속 생각하게 되는 것이었다. 손닿는 대로 그의 몸을 팡팡 때리며 당연하지라고 외쳤지만 내 속이 상하는 것까지 막을 순 없었다. 아프다는 건 눈앞의 가까운 미래의 계획도 확정할 수 없게 된다는 것이었다. 2024. 12. 26. 크리스마스 선물이냐면서 함께 보게 된, 오○○게○ 시즌2. 스포 방지를 위해서 밤을 새우며 다 보았는데, 마지막 편이 다가올수록 매우 불안했다. 마무리가 안 될 것 같은데⋯⋯ 설마⋯⋯ 역시. 시즌3가 내년 6월 정도에 나온다는 정보를 얻고, 아, 이거 너무하네, 보기 어렵겠다고 중얼거리던 남편의 옆얼굴이 아직도 기억이 나서 마음이 너무 아프다. 시즌3는 남편의 유골함과 함께 봐야겠다. 평소 좋아하던 위스키 한 잔을 함께 놓아주어야지.

#초혼

문학을 가르치는 일을 하니까, 또 원래 좋아하니까, 다른 사람들보다 작품 속 인물들이 처한 상황이나 감정에 이입을 더 잘한다는, 그리고 그걸 잘 설명할 수 있다는 자부심이 있었다. 남편이 아프고 나서 그게 얼마나 큰 자만이었는지도 깨닫게 되었다(이렇게 해서야 알게 되는 깨달음이라면 평생 몰라도 좋았을걸. 이런 것도 성장의 일부라고 부를 수 있다면 난 평생 자라고 싶지 않다). 2024년 2학기 말에 잠깐 나온 예시 작품(심지어 전문이 아니다) 「초혼」을 설명하는데 도저히 말을 이을 수가 없었다. '부르다가 내가 죽을 이름이여'에 담긴 화자의 마음이 너무 무겁게 느껴져서 내가 지금까지 이 작품에 대해 이해한 것은 무엇이었나 하는 마음과, 차오르는 눈물을 꾹 머금고 수업을 했다(학교에선 직업적 컨셉상 T, J로 알려져 있어서 당황한 아이들이 있었을지도 모르겠다). 남편의 끝을 예상하고 싶지 않았는데 일상 곳곳에서 예기치 않은 요소들이 나를 툭툭 건드리고 지나갔다.

#뻥튀기

주요섭의 「사랑손님과 어머니」는 중학교 국어교과서에 실려 있었고, 따라 외울 만큼 가르쳐본 작품이었다. 줄거리는 단순하지만 학생들 입장에서는 100년 전 작품이고, 지금과 다른 인물들의 가치관과 미묘한 심리를 이해해야 하는 부분이 있어서 쉽지만은 않은 작품이다. 긴 호흡의 글을 재미있게 수업하기 위해서는 부분적으로 개그감을 살려줘야 하는데, 6살 난 옥희의 말투나, 상황에 대한 이해도가 낮은 옥희의 오해 등이 그 포인트가 되곤 했다. 하지만 학생들은 소설을 읽을 때 때때로 엉뚱한 부분에서 웃곤 하는데, 가령 「운수 좋은 날」의 '설렁탕을 사 왔는데 왜 먹지를 못하니'와 같은 대사에서다. 아마 웹툰 등에서 다양하게 유명 대사가 패러디되면서 생긴 일인 듯하다. 「사랑손님과 어머니」에서 '인젠 우리 달걀 안 사요. 달

갈 먹는 이가 없어요.'라고 읊조리는 어머니의 대사도 그렇게 슬프게 이해하는 학생들은 많이 없는 듯하다. 나 역시 마찬가지였고. 하지만 이제야 조금 알겠다.

남편과 내가 산(이 부분에서 사는/산/살던 중 무엇을 써야 하나를 한참 고민했다) 동네에는 일주일에 두세 번 정도 이동식 뻥튀기 장사를 하는 노부부가 왔다. 남편은 뻥튀기 과자류를 참 좋아해서(무미한 맛이 나서 좋단다. 본래도 원재료의 맛을 좋아해서 어릴 때도 라면의 면만 삶아서 먹어보곤 했다니까 말 다했다), 둘이 산책하다가 눈에 보이면 사가곤 했다. 언제부턴가 동네에서 함께 산책하는 시간이 줄면서(주말에 여행을 열심히 다녀야 해서 남편의 체력을 아껴줘야 했다) 나 혼자 장을 봐오는 날이 많아졌는데, 뻥튀기가 보이면 꼬박꼬박 사다주었다. 매일 오는 게 아니어서 그랬는지 의외로 사다주면 참 좋아해서, 가장 쉽고 저렴하게 남편을 웃게 하는 가성비 있는 뻥튀기라는 생각을 하곤 했다. 비싼 물건을 사준다고 해도 시큰둥하더니 3,000원짜리 뻥튀기에 넘어오는 남자라니! 남편이 먹는 뻥튀기 종류는 딱 하나였는데 노란색이고 가운데가 꽃 모양처럼 살짝 벌어진 손가락을 끼울 수 있는 모양이다. 사러 가면 주인 할머니께 저기 저 노란 것 작은 사이즈로 주세요라고 말했는데, 여러 번 갔더니 할머니께서 "그렇게 말하면 다른 노란 애랑 헷갈리니까 '개나리'라고 말해. 저거 이름이 '개나리'야"라고 일러주셨다. 38년 만에 처음으로 뻥튀기의 이름을 알게 되어서, 집에 가서 남편에게 말해주었더니 자기도 처음 알았다며 둘이 한참을 웃었다. 다음에 또 방문했을 때 할머니께 "개나리 작은 것 한 개 주세요"라고 했더니, 깜짝 놀라시면서 "어떻게 개나리란 이름을 알았지?"라고 하셔서 "아니, 할머니께서 저번에 알려주셨는데요"라고 했더니 "오, 아는 사람이 거의 없는데, 내가 알려줬군" 하면서(미묘하게 자부심이 느껴지는 얼굴이었다—누가 보면 첩보원들의 비밀 암호라도 주고받은 줄 알겠다) 이름 모를 뻥튀기를 서비스로 집어주었다. 집에 와서 또 이야기해줬더니 이 별것 아닌 이야기에 둘이 또 한참을 웃었다. 2024년 12월까지도 남편의 뻥튀기 사랑은 계속되었지만, 2025년 1월부터는 사둔 걸 잘 먹지 못했다. 2월에 남편을 보내고 집에 혼자 돌아와 남은 뻥튀기를 보고 이걸 영원히 박제하는 방법은 없나 몇 주를 고민하다가 결국 버리고 말았다. 지금도 퇴근길에 특정 요일이 되면 뻥튀기 트럭이 와 있는 걸 본다. 마음이 쉽지 않아 뻥튀기 차를 빙 둘러 온다.

똑같은 생각을 몇천 번을 더 해야 마음이 가라앉을까를 생각하면 먹먹해져온다.

#2025. 6. 14. (토)

몇 달 동안 끄적였던 글을 처음부터 다시 읽다가 몇 줄 지나지도 않았는데 당혹스럽게도 눈물이 나서 창밖을 봤는데 하필 하늘은 너무 맑아서 남편이 나가 놀자고 조를 만한 날씨인데라는 두서없는 생각으로 귀결되는 토요일 낮.

#여행

우리가 인생에서 가장 바빴던 해 중 하나인 2022년의 여행 기록을 보았다. 차를 사고 본격적으로 국내 여행을 시작한 시기였다. 문제는 여행은 하되, 이 시간의 소중함을 모르던 시기에 하필 가장 바쁜 일들이 겹쳐서 단 하나도 제대로 기록하지 못했다. 학교 일은 너무 바빴고(한번 선택한 일에 대해서는 절대로 후회는 하지 않는다, 책임진다가 철칙이지만 돌이켜보면 그때 그 일은 해선 안 됐다) 남편도 너무 바쁜 걸 알면서도 여행 계획 짜는 것을 그에게 미뤄두곤 했다. 그러다보니 내가 조사한 여행지가 아니라서 우리가 함께 간 유적지가 어디였는지, 카페가 어디였는지, 식당이 어디였는지 거의 기억하지 못했다. 기록할 시간조차 없다고 핑계를 대며 늘 남편에게 거기 어디였지? 그때 거기 있잖아, 막 고양이 나오고 앞에 강물 있던 그 카페!라고 물었다. 언제든 남편에게 물어보면 되었던 문제였기 때문에, 남편에게 물어볼 수 없게 되었을 때 답을 얻을 수 없는 현실이 나에게 닥칠 것이라고 전혀 예상하지 못했던 날들이기도 하다.

2024년의 나는 아이폰에 여행마다 일기를 기록했다. 늦었지만 참 다행이라고 생각했다. 하지만 기록을 꼬박꼬박 하던 시기보다 아무것도 몰랐던, 계속 남편에게 물어보고 하나도 기억 못해서 '데려간 보람이 없어'라고 남편 혼자 투덜대던 그 시기가 더 행복했다.

#미당시문학관

무작정 떠난(이라고 하기엔 나만 무작정 떠났고, 남편에겐 다 계획이 있었다, 미안) 2024년 2월 고창 부안 군산 서천 장항 여행! 한반도의 서쪽으로 여행을 거의 가본 적이 없는 나를 위한 이른바 '냐웅이 투어'(아, 냐웅이는 남편의 별칭이다) 프로그램이다. 남편은 다 가본 곳들이지만, 나는 한 번도 안 가본 지역만 모두 둘러보는 이 스페셜한 여행의 첫번째 장소는 미당시문학관이었다(유명한 소설 「미당시문학관」의 일부를 인용해보면 미당시문학관은전북고창군부안면질마재로2-8에있다).

어…… 여보?(내가 남편을 여보라고 부르는 건 1년에 한 번 있을까 말까 한데 이럴 때 부른다) 나를 위한 엄청난, 맛있고 눈이 즐겁고 액티비티하면서도 힐링이 막 넘쳐흐르는 그런 여행이 아니었어? 문학관이라고? 다시 말해봐. 수경아(나를 이름으로 부르는 건 1년에 한 번 있을까 말까 한데 이럴 때 부른다), 여기 좋아, 난 두번째 온 거야. 그러니까 널 위해 온 것 맞아. 누누이 말했지만 난 문학관 재미없는데(내 변명 같지만 학생 인솔로 문학관을 몇 번 가보고 나면 문학관이 싫어질 수 있다), 저번에도 통영 가서 박경리문학관 가고 맨날 문학관만 가(수경아 거긴 박경리 생가가 있던 박경리기념관이야 박경리문학관은 원주에 있어. 그게 문제가 아니잖아!) 물론 남편이랑 가는 문학관은 늘 재밌긴 했지만 그래도 첫 장소가 맛집도 아니고 문학관이라니!

입이 댓발이 나오든 투덜대든 운전자는 내가 아니었으므로 한참을 달리고 달려서 미당시문학관에 도착했다. 목요일 이 시간에 문학관에 온 사람이 있을까? 하는 의심이 무색하게 다섯 대의 차가 이미 주차되어 있었고, 마지막 두 칸 중 하나에 차를 대고 들어갔다. 하지만 역시나 문학관 안에는 사람이 한 명도 없었는데, 입구에 지키고 있는 사람도 왠지 졸고 있었던 것 같다. 이 큰 건물을 우리끼리 둘러보는 건 또 엄청난 행운이니까 다시 신이 나기 시작했다. 게다가 외관은 예상외로 대단히 인상적이어서 와, 여기도 다 계획이 있는 장소구나, 괜찮네? 하는 생각이었다.

겨우 좋아진 기분으로 입구에서 전시관 전체 설명을 읽고 있었는데(남편은 활자로 된 건 다 읽어야 하는 활자중독자였다. 나는 읽는 척만 했다) 동네 주민으로 추정되는 할아버지 한 분이 갑자기 등장했다. 속으로 으아아 아깝다, 전시관 독점이 어려워졌어!라고 생각하는 그 순간 할아버지가 엄청나게 큰 소리로 계속 큼!쿵!큼!쿵!(정확히 표현할 의성어가 없다) 소리를 일정한 박자로 내기 시작했다. 나는 다섯 시간 차를 타고 온 피곤함과 할아버지의 리드미컬한 소리와 전시관을 본래 멀리하는 나의 성정이 맞물려서 조금씩 짜증이 올라오고 있었다. 남편이 눈치 챘는지 2층부터 관람하자고 동선을 바꾸는 덕분에 할아버지와는 그대로 바이바이(신기하게도 그 이후 다시 만나지 않았다. 오가며 만날 법도 한데)를 하고 다시 즐거워지기 시작했다.

남편은 문학사를 제대로 공부한 사람이니까 같이 문학관에 가면 새로운 설명을 들을 수 있어서 꽤 재미있다. 게다가 건축에 문외한인 내가 봐도 꽤 공들인 건물과 내부 공간이 인상적이었기 때문에 여행의 첫 시작으로 나쁘지 않았다. 하지만 관리가 되지 않고 있는 곳들이 눈에 띄어 안타까웠다. 제대로 공지도 없이 문 닫아버린 카페, 제때 깎지 않은 잔디밭(신나게 뛰다가 남편이 개똥 드립을 치는 바람에 식겁했다), 묘소가 있다는 화살표를 따라갔는데 끝끝내 나오지 않던 묘소(이런 이정표는 대체 뭘까. 여러 가지로 귀신에 홀린 것 같은 날이었다). 뭔가 꾸준하게 사랑받는(지원받는) 문학관은 아니구나 하는 생각이 들었다. 그 뒤에 갔던 강원도 인제 만해마을과 비교하면 특히 더 그런 느낌이 든다(뭐야 또 갔잖아! 사실 우리가 간 문학관 비슷한 것들을 모두 나열하면 통영 박경리기념관, 고창 미당시문학관, 양평 황순원문학촌소나기마을, 춘천 김유정문학촌, 인제 만해마을 정도인데, 아마 주어진 시간이 더 많았다면 전국 문학관을 모두 가볼 수도 있었을 것이다. 남편이 혼자 다녀온 곳도 몇 곳 있다). 여하튼 불만과 짜증 즐거움이 혼재된 미당시문학관 여행이었는데, 이때 남아 있던 약간의 불쾌감마저도 모두 웃긴 추억으로 바꿔준 것은 바로 남편의 소설「미당시문학관」이다. 세상에, 나와 같은 걸 경험했는데 소설은 이렇다니! 이제는 기억에도 가물한 그 할아버지가 왠지 귀엽게 느껴지고, 그날의 불쾌감이 모두 웃음코드로 바뀌었다. 맞다, 남편은 그런 걸 할 수 있는 사람이었지. 역시, 사랑스러운 사람이다, 나의 남편은.

#일본 여행과 소설: 친절한 여고생과 타코야키

남편 소설의 첫 탄생지를 어디라고 해야 할까? 아무래도 우리들의 첫 여행지인 일본 오사카가 아닐까? 때는 2010년, 스마트폰이 지금처럼 보편화되지 않고(그런 시대에도 인간은 살 수 있는 위대한 존재다) 지금처럼 여행 후기가 다양하지도 않고, 모두가 일본에 가는 시대도 아니던 그때, 단지 내가 고등학교 때 제2외국어로 일본어를 배웠다는(인사말과 나의 취미 말하기 수준으로는 여행지에서 아무 대화도 못한다. 유일한 도움은 '워터'를 못 알아듣는—당시 오사카는 영어가 진짜 안 통했다. 지금은 다르겠지만—일본에서 '미즈'를 말할 수 있어서 식당에서 물을 먹을 수 있었던 것 정도이다) 점과 비행기로 비교적 금방 갈 수 있는 거리라는 점 때문에 무작정 도전해본 첫 여행이 일본 오사카 여행이었다.

구글맵을 볼 수 없는 여행을 상상해본 적이 있는가? 스마트폰이 없다는 건 단지 구글랭킹 맛집을 검색하지 못한다는 것이 아니라 해외 여행지에서 우리는 언제든 길을 잃을 준비가 되어 있다는 뜻이다. 비행기에서 내려 간사이공항부터 호텔까지 찾아가야 하는데, 교통편부터 모든 걸 메모하거나 외워서 가야 했다(덤으로 한겨울에 두꺼운 여행 책자도 들고 다녀야 한다! 세상에).

여차저차해서 신사이바시역까지는 잘 도착했는데, 돈이 없던 시절이라 본래도 작디작지만 그보다 더 작은 일본 비즈니스호텔 중에서도 저렴하고 또 저렴한 호텔로 예매해야 했다(지금도 있을까? 치산호텔?). 저녁 늦게 도착하다보니 지하철역에서부터 호기롭게 호텔을 찾아 나섰지만 우리는 어느새 어디에 와 있는지 모를 지경까지 길을 잃고 말았다(나는 원래 길치다). 캐리어는 무겁고, 다리는 아프고, 호텔에 오늘밤 못 들어가면 돈을 날리지 않을까, 첫 해외여행인데 첫날부터 거리에서 노숙인가, 침대에 눕고 싶다 등등의 생각으로 둘 다 바짝 예민해져 있을 때였다. 우리는 다시 정신을 가다듬고, 갈 길을 잃은 종이 지도를 과감히 접어 넣고, 호텔 이름을 대며 사람들에게 길을 물어보기 시작했다. 지나가던 여고생이 도와주었지만 영어가 전혀 통하지 않았고, 일본어로 열심히 알려주었지만 알아들을 수가 없었다. 결국 여고생이 전자사전까지 꺼내 설명하다가 답답했는지 일정한 방향까지 데려다주었고, 큰길로 나온 우리는 몇 차례 더 물은 끝에 겨우 호텔 간판을 찾았다. 그리고 그제야 우리는 저녁 아홉시가 되도록 아무것도 못 먹었다는 사실을 깨달았다.

  그때 우리 앞에 나타난 것이 '타코야키' 가게였다. 우리나라에서 먹던 것에 비해 알이 컸고, 문어가 정말 크게 들어 있었다(아, 이래서 '타코'야키로군. 이름은 정직한 것이었어). 하지만 그런 차이는 중요하지 않았다. 긴급한 우리 위장은 타코야키를 야무지게 삼켰고, 호텔에 무사히 들어와 누웠다. 국내에 돌아와서 타코야키 먹는 것을 한 번도 못 봤으니 따지자면 남편은 타코야키를 안 좋아하는 사람에 가깝다. 하지만 친절한 여고생과 타코야키, 오사카의 밤…… 그날의 인상이 많은 변형을 거쳐 남편의 장편소설 『풀빵이 어때서?』로 탄생했으니 '뭐라도' 남는 여행을 한 셈이다. 그리고 이제는 풀빵 책만 내 곁에 남았다. 증쇄를 꽤 여러 차례 했는데, 언젠가 둘이 같이 누워 대체 누가 이 책을 읽어주고 있을까?를 떠올리며 행복한 상상을 했던 기억이 난다. 돌이켜보니 정말 위대한 여행이었는데, 그때의 우리가 이 사실을 알았을 리가.

다음날도 길 찾기 문제로 몇 번 더 투닥거렸는데, 이렇게 보면 스마트폰은 정말 위대한 산물이다. 길을 잃는다는 건 사랑하는 인간들에게도 서로를 향한 예민함을 숨길 수 없게 되는 것을 의미하는 모양이다. 문제는 2010년과 달리 지금의 나에게는 스마트폰도 있고, 그때보다 어른이 되었는데도 어째 나 혼자만 길이 잘 보이지 않는 기분이다.

P.S. 오빠가 나에겐 구글지도였던 모양이야. 안 보여도 한 걸음씩 수정하면서 천천히 찾아나갈 테니 잘 지켜보도록 해! 지켜보다가 안쓰러우면 가끔은 꿈에서 힌트도 주고 말이야.

#일본 여행과 소설: 소설로「프로포즈」

소설로 프로포즈 받아봤어요?
소설가를 아내나 남편으로 둔 사람들은 있어도, 소설로 프로포즈를 받은 사람은 거의 없지 않을까. 우리 남편이 그걸 해냈다. 작품 이름은「프로포즈」! 내가 받은 초판본(?)은 조금 다른 내용이지만, '나'를 제대로 등장시켜준 첫 소설이다. 남편, 왜 남편 소설에 나는 안 나와? 나도 써줘라고 할 때마다 웃으며 대답을 피하더니 「프로포즈」란 소설로 돌려주었다. 결혼할 때 형편이 여유롭지 않아 서로 남들이 한다는 예물 같은 것을 아무것도 못 챙겼지만 그 소설 하나로 나는 세상에서 가장 특별한 사람이 될 수 있었다. 남편이 내가 지닌 가장 소중한 명품이었으므로 명품 따위 바란 적도 없었다. 그래도 못내 마음에 걸렸던지 신혼여행지에서 뜻깊은 반지 하나를 사줬다.

#일본 여행과 소설: 『사소한 취향』을 데리고 홋카이도로 갔다!

우리는 무엇이든 이름 붙이는 걸 좋아하는데, 가령 공기청정기를 사면 공청이, 에버랜드에서 온(샀다고 하지 않는다) 레서판다 인형은 '우리 레써', 자동차는 차종과 냐옹이(남편)를 합쳐 '그냥이' 이런 식이다. 이름을 붙이면 정감이 많이 가고 둘만 알아듣는 단어가 많아지는 것 같아 즐거워서 늘 고심해서 이름을 붙였다(고민한 것치고는 대충 붙인 느낌이 들지만 나름 둘 다 합의하지 않으면 결정되지 않는다는 룰도 있다). 남편이 오랫동안 묶고 싶어했던 소중한 첫 소설집 『사소한 취향』도 그런 의미에서 이름을 부여받았는데, 그게 바로 '사소'다. 우리는 사소를 데리고 우리만의 기념 파티로 무엇을 할까 고민하다가 코로나가 풀린 시점이라 그동안 가지 못했던 일본 여행을 가기로 했고, 우리들의 추억이 많이 쌓인 홋카이도의 모든 공간에 '사소'를 최대한 많이 데리고 가 사진을 찍어보기로 했다.

  오랜만에 간 홋카이도의 겨울은 역시 만만하지 않았고(첫 여행이었던 2015년 오타루에서는 영사관에 조난 신고를 해야 하는 게 아닌가 싶은 눈보라를 맞은 적이 있다), 우리의 사소는 생각보다 무거웠다. 격한 오타루 여행을 마친 뒤(사람 사진보다 사소 사진이 많다) 사소는 그만 지쳐 호텔에서 쉬겠다고 말했다. 우리는 사소의 의견을 존중해주기로 했다. 우리들의 처음 의도와 달리 모든 여행지에 사소를 데려가진 못했지만 그래도 사소는 오타루에서 오르골도 보고, 오타루 운하길도 걸었고, 르타오도 먹었으니까 그러면 된 것 아닐까?『상큼하진 않지만』과『풀빵이 어때서?』(얘들의 별칭은 '상큼이'와 '풀빵'이다)도 더 예뻐해줬어야 했는데…… 사소는 매우 행복한 대우를 받은 셈이다.

  곧 사소의 동생이 태어난다. 남편의 두번째 소설집은 유고집이 되어, 셋이 함께할 수 없지만 함께 있다고 생각하려고 한다. 얘의 이름은 무엇이 될까?

#유고집

  유고집이란 말은 윤동주 시인을 가르칠 때나 쓰는 말이었는데, 남편 이름 옆에 유고집이라니.

#사랑의 마음은 네가 알려주었어

 듣기에 다소 이상한 이야기일 수도 있겠지만 오빠가 먼저 죽어서 참 다행이라고 생각해. 아마 내가 먼저 하늘나라로 갔다면 그 뒤의 날들을 오빤 버텨낼 수 없었을 거야. 오빠가 말한 대로 마음이 건강한 나라서 그나마 버틸 수 있는 게 아닐까 해. 나보다 마음이 약한 오빠가 혼자 여기에 남았다면 제정신으로 살아낼 수 없었을 거야. 그래도 오빠의 끝이 나보다 단 하루 혹은 며칠만 앞일 수는 없었을까. 그렇지 못한 것이, 말로 다할 수 없을 만큼 슬퍼.

 오빠는 늘 존엄한 죽음을 원했지. 작은 벌레는 무서워하던 오빠였지만 큰일이 닥치면 겁내는 법이 없었는데, 의지를 벗어나게 될 죽음의 과정만은 너무도 두려워했어. 그래도 난 오빠가 조금만 더 내 곁에 있길 바랐어. 어느 순간 오빠의 맥박수가 130~150을 넘어갔는데, 그게 얼마나 힘든 건지 알면서도 이기적으로 굴어서 미안해. 그걸 숨도 못 쉬고 지켜보며 계속 내려가기만을 빌고 또 빌어서 미안해. 나 때문에 며칠 더 아프게 한 것 같아서 정말 미안해. 모든 게 지나고 난 뒤의 위로의 말이겠지만, 오빠의 마지막은 우리가 지킬 수 있는 가장 존엄한 모습으로서의 죽음이었다고 생각해. 오빠와 내가 바라는 대로 아름답고 깨끗한 멈춤이었어.

 오빠가 낭기열라에 있든, 하루키의 벽 안쪽의 세계 혹은 우주에 있든지 간에 나는 오빠가 있는 곳이라면 어디라도 그곳으로 돌아가는 여행을 할게. 내 남은 시간을 모두 들여서 천천히 그곳에 다다르게 될 거야. 우리는 둘 다 약속을 정확히 지키는 사람들이잖아? 나를 기다려줘. 그리고 안아줘.
  오빠가 직접 쓴, 우리의 청첩장 문구로 글을 맺을게.

둘,
늘,
같이,
밥을 먹고,
이야기를 나누며 걷겠습니다.

  이 약속은 모두 이루어졌어. 오늘도 오빠와 함께 밥을 먹고, 이야기를 나누며 길을 걷던 그 순간들을 생각해. 이번 생에서 내가 아는 모든 사랑의 마음은 다 오빠가 알려준 거야.
  안녕? 오빠, 사랑해!

  P.S. 안녕이라는 말은 언제까지나 반가움의 안녕일 거야.

안녕, 우리의 풀빵아!

이은선(소설가)

주문한 딸아이의 로션이 도착했다. 택배 박스를 뜯다가 잠시 망연해졌다. '아, 이제 없지……' 대체 몇 번이나 샀다고 이렇게 습관이 되었나. 쌓인 로션만큼이나 묵직한 마음속으로 그를 알고 지내온 몇 년 동안의 시간이 순식간에 지나갔다. 항암 치료를 받던 학찬이 피부과에 다니기 시작했고, 왜냐고 묻는 나에게 살갗이 아프다며 사진을 한 장 보내왔다. 사진 속의 얼굴을 보자마자 들었던 안타까운 마음을 숨기며 여드름 잔뜩 난 청소년이냐고 친구답게 놀렸는데, "여드름이면 좋게"라고 돌아온 한마디에 나는 얼른 다른 말을 찾느라 머릿속이 분주했다. 지금 무슨 로션과 워시를 쓰냐고 물어보니 학찬은 계면활성제가 가득 들어 있는 폼클렌징과 남성 로션의 이름을 말해주었고 나는 그것을 듣자마자 상말부터 내뱉었다. 놀란 학찬이 조심스럽게 물어왔다. "······뭐가, 달라?"

곧장 우리집 펜트리에 있던 베이비 로션의 여분을 모두 모아서 학찬의 집으로 택배를 보낸 것이 작년 여름이었다. 그 1년으로부터도 꼭 1년 전, 학찬으로부터 메시지 하나를 받았다. 몇 개월째 소식이 뜸해서 어디 교수 임용 자리 알아보느라고 바쁜가, 소설이 잘 안 풀리나 싶어 내 쪽에서 먼저 연락을 했던 참이었다.

"은선아, 이거 보고 전화는 하지 말고, 내가 너한테만 말한다."
"우리가 통화하는 사이냐?"
"나 암이래, 폐암. 4기."

상대편에서 보내온 메시지들이 믿기지 않아서 아연했고, 그러면서 우리가 동갑이라는 사실과 83년생들의 마흔 해를 아우르는 수많은 일화들이 지나갔다. 나는 그에게 암환자들이 주로 먹는다는, 면역에 좋은 야채 가루를 소개했고 그는 외부 활동을 접은 채 긴 잠수에 들어갔지만 나와는 이런저런 말들을 매일 주고받았다. 우리는 그때부터 시시콜콜해지기 시작했다. 본격적으로 친해졌달까. 그와 대화를 나누면 나는 남편에게, 학찬은 아내에게 우리의 대화를 전했고 우리 넷은 랜선으로 많은 정보와 의미 없는 대화 그러니까 '수다'를 떨었다.

우리가 이렇게까지 친했나 싶을 정도의 시간이었는데 지금의 나는 그렇게 시간을 보낸 값을 톡톡히 치르는 중이다. 별의별 이야기를 다 나누던 친구가 지상에서 사라졌고 그의 핸드폰은 패턴을 알기 위하여 디지털포렌식을 하는 업체에 가 있다. 간혹 친구의 아내와 안부를 주고받는다. 한 사람이 떠난 자리가 이토록 헛헛할 줄이야. (주로 욕을 하던) 대나무 숲이 없어졌다. 모양을 알 수 없는 신비주의 패턴 같은 실금들이 내 마음과 뇌리에 그어졌다. 우리 나이는, 아직…… 그 때문일까. 학찬의 유고집이 만들어지는 과정을 누구보다도 가까이서 참견하게 되었다. 내가 뭐라도 할 수 있어서 다행이라고 생각했지만 마음속의 어떤 패턴이 형언할 수 없는 색으로 덧칠된 기분이었다. 학찬의 아내를 만나고 돌아온 날에는 그녀의 수척한 얼굴이 자꾸 눈에 걸려서 괜히 하늘을 쳐다보았다. 아직도 저렇게 대학생같이 앳된 사람을 두고 어찌 갔냐, 뭐 그런 식의 말을 술김을 빙자하여 하늘을 향해 내뱉기도 여러 차례.

학찬은 죽을 때까지 진심으로 조금 더 살고 싶어했다. 카카오톡 채팅창 속의 친구가 '살고 싶다'고 말할 때마다 나는 다른 말로 상말 같은 농담 혹은 하찮은 얘기들을 내뱉기 위해서 무던히 애를 썼다. 그는 혼자 남을 아내와 쓰지 못한 소설들, 그리고 가보지 못한 여행지와 새로 도전할 요리 같은 것들을 꼽으며 내년과 후일을 기약하거나 기운이 남아 있을 때 해야 할 것들의 목록을 적어 보냈는데 나는 가을의 화담숲이 너무 예쁘니 그곳에 가보라고 일러주었다. 화담숲 예매가 열리던 날에 아주 오랫동안 기다려서 예매표 두 장을 구했다. 신나서 링크를 보내주었더니 '아이와 함께 가라'고 거듭 반려했다. 그러더니 얼마 후에 아내와 함께 화담숲에 가서 찍은 사진을 내게 보내주었다. 내가 뭐라고 하려던 찰나 내년의 단풍놀이는 꼭 가족들 다 데리고 같이 오자며 먼저 제안을 해주었다.

　우리는 서로 그것을 지킬 수 없다는 것을 알면서도 굳게 약속했다. 내게 이제 화담숲은 내 친구가 먼저 다녀간, 영영 다 같이 갈 수 없게 된 숲이다.

　학찬의 소식을 듣고 내가 친구에게 해줄 수 있던 것은 일단 그를 끝까지 '작가'로 살게 만들기였다. 아무리 머리를 굴려봐도 내가 해줄 수 있는 건 그뿐이었다. 주변의 이른바 '인플루언서'들에게 은밀히 내용을 타전했다. 훗날 아내의 말에 따르면 학찬은 갑자기 주변에서 자신에게 '문학적' 혹은 '작가적'인 일로 연락이 오는 걸 보고 "은선이가 그랬구나" 하고 짐작했다고 한다. 그러거나 말거나. 나는 김학찬은 끝까지 누구의 남편과 친구이기 이전에 그의 근본인 '작가'여야 한다고 믿었고, 실행으로 돌진했다. 좌고우면할 시간이 없었다.

　학찬이 마지막으로 쓴 단편소설이 실린 앤솔러지와 그의 소설집 『사소한 취향』이 갑자기 방송과 일간지들에 실렸고,

EBS 윤고은의 북카페에 오프닝 멘트로도 아주 다정하게 소개되었다. 병석에 누워 있던 그는 자신의 소설이 여기저기에 불려다니는 것을 매우 즐겁게 (반복하여) 들었고, 내게 자랑을 했다. "니가 했어?" "(응) 아니." "너인 것 같은데?" "(맞아) 내가 내가 그렇게까지 널 생각하지 않아(생각해)." 김성신, 남정미 서평가들은 그의 책을 더이상 올릴 수 없을 데까지 올려 퍼트려주었고, 박생강 작가는 그가 이끄는 독서 모임에서 그의 책을 다루며 사람들과 함께 다정하게 읽어주었다. 편집위원 모 선배님에게는 단편소설 청탁을 부탁하기도 했고(내 소설이라면 말도 못 꺼냈을 일이었지만 용기를 냈고, 친구의 사정을 들은 선배의 흔쾌한 마음이 무척 고마웠다), 나는 연재하던 칼럼에 그를 몇 번 다뤘는데 한 번은 『풀빵이 어때서?』와 관련한 일화였다. 또 다른 것은 오래된 연필깎이에 대한 내용이었다. "나중에 다인이 학교 갈 때 삼촌이 연필깎이나 사줘라"고 말했더니 바로 다음 주에 그것을 보내왔다.

    내 말은 의사의 선고 기한보다 오래 살아서, 네 살인 나의 아이가 학교 갈 때까지 굳건히 있다가 '그때' 보내달라는 뜻이었다. 생각보다 일찍 도착한 연필깎이를 받고 나는 고맙다는 말보다 화부터 냈다. "야, 아직 애가 연필이 뭔지도 잘 몰라!" 미리 보내온 그 마음을 모르는 것이 아니어서 더 화가 났던 것 같다. 그 글이 여러 반향을 일으켜 매우 많은 곳에서 다양하게 연락들이 왔다. 자동 연필깎이를 보내주겠다는 전화까지 받았을 때는 '아니다, 이미 충분하다'고 거절하면서도 헛웃음이 났다. '저기, 사실은요, 제 친구가 아파서, 용기 좀 주려고…… 그러니까 좀 도와주실래요? 같이 친구 좀 위로해주세요. 제 친구 좀 살려주세요.' 이런 마음을 애써 숨기느라 속이 녹았다. 해줘야 할 일이 더이상 생각나지 않았을 때는 곧 나올 내 장편소설의 표사(뒤표지 문구)를 쓰라고 졸랐다. 원고가 완성되지도 않았는데 표사부터 쓰라고 종용했다. 어이없는 부탁인 것을 알면서도 그는 끝까지 거절했지만, 나는 막무가내로 몰아붙였다. 썼니? 아니. 오늘은? 아니, 그럼 니 장편 원고부터 내놔. 일단 표사부터 쓰고 있어봐, 나와 내 글을 찬양하는 내용으로! 그때마다 학찬은 팽팽하게 거절 의사를 내비쳤다. 지금 생각하면 도저히 찬양을 못하겠어서 안 쓴 게 아닌가 싶다.

그때는 학찬이 다 낫고 나오면 여러모로 생색을 매우 많이 내려고 그랬는데 이제 그 기회가 사라져버렸다. 우리는 소설가들답게 책에 대한 대화를 주로 나눴다. 매일 조금씩 책장 정리를 하고 있다는 내용의 이야기를 해왔다. 눈물을 머금고 한 권씩, 열 권씩 추리고 있다기에 "내 소설 갖다 버리면 지금 당장 아작나는 겨" 정도의 협박 같은 말을 했던 것도 같다. 논문과 연구서적, 잡지 들은 미련 없이 버렸는데 소설책들은 고민이 된다는 이야기에 나도 모르게 "야, 그깟 소설 따위, 쓰거나 읽지 않아도 되잖아? 그냥 편히 버려!"라고 소리쳤다. 그런데 한강 소설책을 정리한 다음 주에 노벨문학상이 발표되어버려서 우리가 퍽 아까워했다. (호기롭게 버리라던 것은 잊어버리고) "야, 그걸 왜 정리하고 그랬냐." "그러게, 놔둘걸." 한 치 앞도 못 보고 팔랑대는 변덕은 우리의 천형이었나.

정세랑 소설가의 신작이 나왔을 때였다. 재미있으니 책을 집으로 보내주겠다는 나의 말에 "병원 사흘째 출석중이라 기절 직전인데, 책은 더 인연이 있는 사람에게 양보. 눈이 아파서 못 읽어"라고 보내온 2025년 1월 22일의 답이 끝이었다. 그 이후에는 내가 보내는 안부만 죽 이어졌다. 나는 친구의 끝이 다 가오고 있음을 알았지만, 그 마음을 뭐라고 표현해야 할지 몰라서 그냥 하던 대로 혼자 수다 떠는 안부나 음식 이야기, 딸아이 이야기 등을 적어 보냈다. 읽기는 했지만 답은 오지 않았다. 훗날 아내의 말에 따르면 그때 계속해서 병원에 실려가던 중이었다고. 새 차의 운전대를 결코 양보하지 않던 학찬이 아내에게 운전을 해볼 것을 권유한 것도 그 즈음이었다고 한다.

슬로베니아의 강병융 선배가 슬로베니아 대학에 학찬을 초청 작가로 초빙하기 위해서 준비하고 있을 무렵이었다. 내가 남편에게 '요즘 학찬이 답이 없는데 이제 어쩌나' 같은 말을 했던 날 오후에 뜬금없이 강선배에게서 연락이 왔다. SNS에 올라온 학찬의 부고를 먼저 본 선배의 메시지였다. 나는 믿을 수가 없어서 울면서 그 글을 쓴 출판사 대표님께 전화를 했고 학찬의 사인을 모르는 사람들의 댓글을 보다가 긴 글을 적었다. 그 밤에는 아주 오랫동안 작가 선후배들과 연락을 하며 엉엉 울었다. 기어이 갔구나, 가서 이제 없게 되었구나.

어머니에게 병세를 알리지 못하고 있던 차임을 알아서 "언제 말씀드리려고 그래" 물은 적이 있었다. 그의 대답은 매우 단호했다. "일찍 알아서 뭐 하게, 알린다고 달라지나. 내가 아프다는 거 알면 엄마 이제 평생이 슬퍼. 죽기 직전에 말해서 하루라도 덜 슬퍼야지." 내가 도무지 짐작할 수 없는 마음을, 그는 아내와 함께 신조처럼 지켜냈다. 빈소에서 어머니를 뵙자마자 나는 손을 꼭 잡고 말씀드렸다. "학찬이가 어머니 걱정을 정말 많이 했어요."

마지막 강의를 마치고 학생들에게 커피 한 잔씩 돌리고 온 날은 따로 나에게 연락이 왔었다. "학생들은 알까? 내 인생의 마지막 강의여서 커피 한 잔씩 쏜 것을." 우리도 누군가에게 그리 얻어먹은 적이 많았을 테니 우주적인 고시레의 답을 한 거라고 대답을 해주었던가. 내가 성적 항의 메일을 받고 스트레스 받는다고 말을 하자, 자신은 매사 정확하게 데이터화해서 성적을 입력하기 때문에 그런 것은 안 받는다고 자랑했다. 그러다 그날 오후에 바로 본인도 항의 메일을 받고는 좌절하기에 이번엔 이편에서 마음껏 놀렸다. 우리는 그렇게 펑퐁처럼 소설을 쓰며 강의하는 일과 사는 일을 쉴 새 없이 주고받았는데, 나는 그것이 혼자 아내를 출근시키고 집안일 하며 투병을 하는 친구를 위로하는 일이라고 생각했다. 그가 가고 나니 그렇게 말을 나누었던 시간들이, 마음이 더할 나위 없이 허전하다. 우리가 살아온 나이와 써야 할 소설의 자리가 휑하다.

"항암을 하면 석 달쯤 더 살 수 있어." "살아야지." "그런데 너무 고통스러워. 이렇게까지 아파하면서 견디는 게 무슨 의미가 있지?" "아내를 생각해. 이 생에서 너만 바라보는 사람이야. 그 사람 곁에서 조금 더 버텨줘야지." "너무 아파서 그만하고 싶어."

그날 나는 학찬을 계속 설득했다. 대체 얼마나 고통스러우면 그토록 살고 싶어했던 사람이 저런 말을 하나 싶었지만, 그때의 나는 무조건 그를 조금 더 이 지구에 붙들어놓고 싶었기 때문에 말릴 수밖에 없었다. 물론 그는 끝까지 포기하지 않았고, 임종 두 달쯤 전에는 수술을 할 수 있다는 희망에 달뜨기도 했다.

"은선아, 절망이야. 수술 관련해서 검사하다가 전이만 잔뜩 확인했어."

작가는 지구를 떠났어도 우리 곁에는 그의 소설이 남아 있다는 게 이렇게나 다행일 수가.

김학찬의 등단작 『풀빵이 어때서?』는 우리 소설사에 타코야끼와 풀빵이 본격적으로 등장한 첫 소설이다. 길거리 풀빵이야 어른 세대의 전유물이었지만 그가 타코야끼의 이야기를 쓰기 전까지는 소설 속의 간식은 기껏해야 붕어빵 정도였으니 실로 좋은 업적을 남겼다. 부자간에 대를 이어서 풀빵과 타코야끼를 굽는 소설은…… 소설 속 어머니와 (미래의) 아내 입장에서는 아득했을 것 같지만 독자로서는 즐거운 독서의 경험이었다. 그 뒤로 학찬의 새로운 별칭이 풀빵 작가가 되었으니 작가의 단어 선점은 탁월했다. 뒤를 이어 강아지, 펭귄 등의 이야기는 학찬만이 쓸 수 있는 고학력자들의 블랙 유머와 형제애였으며 나름대로 문학관 탐색을 통한 연구 소설과 무라카미 하루키(촌상춘수라는 이름을 학찬의 소설을 통해 배웠다)와의 술집 만남과 대화의 장을 연 소설 등 그의 업적은 잔잔하고 깊었다. 나는 SNS에 나오는 모든 타코야끼 만드는 동영상을 그의 계정으로 보냈고, 병석의 학찬은 "저건 나도 봤다, 저 정도는 나도 하지"라며 호기롭게 되받아쳤다. 그가 아내와 함께 다녀온 삿포로의 한 수제 맥줏집을 물어물어서 나도 다녀온 것이 10여 년쯤 전이었나. 일본 맥주 지도를 같이 그려보자고 농담처럼 이야기한 적도 있었는데.

  소설가답게 소설로 프로포즈를 하기도 했다는 것을 뒤늦게 알고는 크게 웃었다. 참 혼자서 소설 가지고 별일을 다 벌였구나 싶은 마음이었다. 나보다 본인이 소설을 더 열심히 (많이) 썼다고 자랑하기에 소설에도 급이 있고 질이 있다는 말로 되받아쳤다. 그때 그냥 한 수 접고 칭찬만 해줄걸, 왜 그런 말을 했는지 모르겠다. 한번은 영화감독과 세기의 금을 넘은 사랑을 한 여배우의 이야기를 하다가 의견이 맞지 않아서 언쟁을 벌인 적도 있었다. 훗날 아내가 말하기를 '은선이가 그런 걸 이해 못할 줄은 몰랐다'고 해서 따지러 가려다가 또 '아, 맞다, 없지'를 반복했다. 살아 있었더라면……

　보다 좋은 소설을 더 썼겠지. 속으로 자화자찬하면서 겉으로는 겸손한 척 사람 좋은 웃음으로 얼굴을 포장하고 앉아 있었겠지. 지난해 가을에는 경기 이남에 살고 있는 나를 굳이 경기 북부까지 불러내어 장어를 사겠다고 호언장담했다. 본인이 알고 있는 장어집 중에서 가장 괜찮은 곳이라기에 두 시간 반을 달려갔다. 출판사 대표님과 나만 부른 자리였는데 나는 그때도 베이비 로션을 가지고 갔다. 유기농 생두를 직구하여 로스팅을 한 다음에 '커피값은 계좌로!' 같은 말을 커피 봉투에 써주었다. 그가 그날 우리에게 자기 혼자만의 '안녕'을 하려고 했다는 것을 나중에야 알았다. 물론 장어값은 화장실 가는 척하고 핸드폰을 들고 나왔던 내가 냈다. 그 비싼 장어와 참게 매운탕을 참 골고루 많이도 시켰더라. 다 나아서 더 맛있는 걸 사준다더니, 이런 글이나 쓰게 만들고.

　먹을 수 있을 때 밥 한끼 사주고 싶었는데, 그럴 수 있어서 다행이라고 여겼다. 우리가 공식적으로 만난 것은 그때가 마지막이었다. 속절없이 시간은 흐르고 암세포는 학찬의 몸 여기저기로 촘촘하게 번졌다. 학찬은 그렇게 가버렸고 우리는 남아서 여러 가지의 방식으로 그를 기억하고 있다. 부고를 따로 전해 듣지 못한 사람들이 뒤늦게 연락들을 많이 해왔다고 들었다. 계약금을 받았던 출판사에 그것을 돌려주라는 말을 유서 가장 첫 줄에 남겼지만, 우리는 바로 그 계약 덕분에 이 유고집을 만나게 되었다. 그 결정과 실행까지의 일들은 전적으로 모두의 선의였다. 지금 이 글을 쓸 수 있는 공간이 그래서 아프고 참 각별하다. 나는 한 사람을, 작가를 알게 되어 여기까지 온 인연을 슬프지만 감사히 여기는 중이다. 그렇다면 후생을 또 한번 같이 좋은 곳에서 친구로 만나자고 도모하는 말을 해도 될까.

멋진 작가, 김학찬.
세심한 강의자였고, 깊은 눈을 가진 연구자였던 김학찬.
새치기할 줄도, 입에 발린 소리를 전혀 할 줄도 몰랐던 올곧은 김학찬.
끝까지 다정하기가 이루 말할 수 없던 누군가의 남편 김학찬.
그리고 누구보다도 좋은 사람, 김학찬.

잘 도착했니? 우린 잘 있어. 네가 남긴 마지막 부탁들 나 거의 실행한 것 같아. 빈소에서 수경씨에게 "사랑한다"고 말해달라고 했던 것도 잘 전달했어. 출판사 대표님은 니가 돌려드린다는 계약금 안 받으시겠다고 극구 사양하셨어. 나는…… 네

소설을 다시 아껴 읽고 있어. 삶의 한때 우리가 친구였고, 좋은 동료이자 네 소설의 독자일 수 있어서 기뻤어. 함께 나누었던 추억 곱씹으며 다시 만날 훗날을 기약할게. 여기의 모두가 너를 기억하고, 애정하고 있어. 우리들은 끝끝내 그럴 거야.

  이제는 아프지 않은 곳에서 편히 쉴 수 있기를.

  안녕, 내 친구 그리고 풀빵아.

투암기
김학찬 유고 산문집

초판 1쇄 인쇄 2025년 8월   1일
초판 1쇄 발행 2025년 8월 10일

지은이 김학찬

기획 최수경 | 편집 이원주 정소리 | 디자인 윤종윤 이주영 | 마케팅 김다정 박재원
브랜딩 함유지 박민재 이송이 박다솔 조다현 김하연 이준희 복다은
저작권 박지영 형소진 주은수 오서영 조경은
제작 강신은 김동욱 이순호 | 제작처 (주)상지사P&B

펴낸곳 (주)교유당 | 펴낸이 신정민
출판등록 2019년 5월 24일 제406-2019-000052호

주소 10881 경기도 파주시 회동길 210
문의전화 031.955.8891(마케팅) | 031.955.2680(편집) | 031.955.8855(팩스)
전자우편 gyoyudang@munhak.com

홈페이지 www.gyoyudang.com
인스타그램 @gyoyu_books | 트위터 @gyoyu_books | 페이스북 @gyoyubooks

ISBN 979-11-94523-57-4 04810
    979-11-94523-59-8 (세트)

○ 교유서가는 (주)교유당의 인문 브랜드입니다.
이 책의 판권은 지은이와 (주)교유당에 있습니다.
이 책 내용의 전부 또는 일부를 재사용하려면 반드시 양측의 서면 동의를 받아야 합니다.